人力资本理论与实务丛书

新生代员工创造力的影响机制

基于领导者追随反原型视角

THE IMPACT MECHANISM OF NEW GENERATION EMPLOYEES' CREATIVITY

—An Leaders' Followership Anti-Prototype Perspective

本专著受以下基金支持：吉林省社会科学规划基金项目『长吉图地区中药产业国际推广的人才支撑体系』（2020C133）、吉林省「十三五」智库规划基金项目『吉林省边境人口流失与区域经济发展：基于「两市、一州」的对比调研』（2020JLSKZB045）

郭衍宏◎著

经济管理出版社
ECONOMY & MANAGEMENT PUBLISHING HOUSE

图书在版编目（CIP）数据

新生代员工创造力的影响机制——基于领导者追随反原型视角 / 郭衍宏著 . —北京：经济管理出版社，2020.9

ISBN 978-7-5096-7440-6

Ⅰ . ①新…　Ⅱ . ①郭…　Ⅲ . ①企业—职工—创造性—研究　Ⅳ . ① F272.92

中国版本图书馆 CIP 数据核字（2020）第 158453 号

组稿编辑：王光艳
责任编辑：魏晨红
责任印制：赵亚荣
责任校对：王纪慧

出版发行：经济管理出版社
（北京市海淀区北蜂窝 8 号中雅大厦 A 座 11 层　100038）
网　　址：www.E-mp.com.cn
电　　话：（010）51915602
印　　刷：三河市延风印装有限公司
经　　销：新华书店
开　　本：710mm × 1000mm/16
印　　张：12
字　　数：184 千字
版　　次：2020 年 10 月第 1 版　2020 年 10 月第 1 次印刷
书　　号：ISBN 978-7-5096-7440-6
定　　价：68.00 元

前 言

创新是引领发展的第一动力，党的十九大报告中50余次强调创新，并提出了2035年中国跻身创新型国家前列的目标。在创新发展过程中，需要投入众多要素，而人才则是创新发展的基础性要素。人才资源已经被视为推动经济持续发展的关键优势，而人才创造力则是人才资源的核心要素。《中国统计年鉴》（2019）显示，新生代员工不仅在数量上逐渐增加，而且在经济、社会等领域扮演的角色越发重要，新生代员工已经逐渐成为劳动力市场的生力军，成为我国企业和社会发展中不可或缺的力量。所以，该群体的创造力将深刻影响企业乃至整个社会的创新能力。然而，整个社会及企业管理者却将新生代员工视为“异类”，认为新生代员工具有叛逆、藐视权威等负面特质。在此背景下，研究企业领导者负面认知对于新生代员工创造力的影响具有理论意义和现实意义。

本书依据已有国内外文献，将领导者负面认知定义为领导者追随反原型（Followership Anti-Prototype，FAP），并构建了领导者追随反原型对新生代员工创造力影响的模型。从内隐追随理论（Implicit Followership Theories，IFTs）反原型切入，以辽宁省、吉林省10家企业的330位领导者—追随者为研究对象，使用文献研究法、扎根理论技术、基于网络及实地的问卷调查与统计检验相结合的实证研究方法等，构建了领导者追随反原型量表，研究了领导者追随反原型对新生代员工创造力的影响，同时检验了工作激情的中介作用和社会自我效能感的调节作用。结果表明：第一，领导者追随反原型对新生代员工创造力有显著负向预测作用，其对新生代员工工作激情也有显著负向预测作用。第二，新生代员工工作激情在领导者追随反原型与新生代员工创造力之间起到中介作用。第三，新生代员工社会自我效能感在领导者追随反原型与新生代员工工作激情之间起负向调节作用。第四，新生代员工社会自我效能感弱化了新生代员工工作激情在领导者追随反原型与新生代员工创造力之间的中介效应。基于以上验证，得到了增强领导者自我认知的对策、提升新生代员工创造力的对策、新生代员工工作激情干预对策和新生代员工社会自我效能感干预对策。这些结论对增强或者避免削弱新生代员工个体创造力起到了一定的启示作用。

本书的主要贡献在于：第一，基于中国情境开发了领导者追随反原型量表，该量表能够揭示中国情境下领导者追随反原型的具体内容及测量指标，也为未来中国情境下的追随反原型研究提供了测量工具。第二，构建了领导者追随反原型对新生代员工创造力的影响模型。本书从反原型视角展开对员工创造力的影响研究，与现有追随原型对员工创造力的影响研究形成完整视角共同解读创造力，这也是对内隐追随理论研究的有益补充。第三，将社会自我效能感引入组织行为学研究领域。本书响应了学者将社会自我效能感引入组织行为学的呼吁，将社会自我效能感研究情境扩展至工作情境，达到了扩大社会自我效能感研究情境的目的。

目　录

第1章

绪论

1.1 研究背景

1.1.1 社会创新环境

1.1.1.1 创新驱动发展的时代背景

全球科技革命、产业变革改变了全球的经济结构，而科技革命与产业革命之动力均来自创新。创新是引领发展的第一动力，创新位列“新发展理念”之首，居于国家发展全局的核心位置。在党的十九大报告中，创新被提及了50余次，并且明确设定了中国将于2035年成为创新型国家的目标。由此可见，党的十九大报告不仅为建设创新型国家确认了长远目标，更将激发全社会为实现此目标而不懈努力。

随着党和国家对创新发展规律的认知不断深化，我国将创新驱动发展战略置于较高位置。截至目前，我国为了实施创新驱动发展战略而设定的主要总体战略规划包括:《中共中央、国务院关于深化体制机制改革加快实施创新驱动发展战略的若干意见》[①]《中华人民共和国国民经济和社会发展第十三个五年规划纲要（2016—2020年）》[②]《国家创新驱动发

---

① 2015年3月13日，由中共中央、国务院发布，由中国政府网公布。

② 由两会授权发布，根据《中共中央关于制定国民经济和社会发展第十三个五年规划的建议》编制，2016年3月16日经由第十二届全国人民代表大会第四次会议批准。

展战略纲要》[①]《“十三五”国家科技创新规划》[②]等。

“十三五”规划纲要提到，创新亟须成为发展之源，以全面落实创新发展理念。持续将科技创新作为核心，以人才作为创新支撑，使科技创新与大众创业、万众创新融合，塑造更多先发优势。基于此，我国创新驱动发展战略可以划分为三步：第一步，初步建成国家创新体系，即我国将于 2020 年成为创新型国家。第二步，彻底转变驱动发展的根本动力，经济社会发展水平和国际竞争力持续提高，即我国将于 2030 年跻身创新型国家前列。第三步，转变为世界主要科学中心和创新高地，即我国将于 2050 年建成世界科技创新强国。

为了使创新驱动发展战略真正落地，我国促进创新政策体系已经逐步趋于完善。我国创新体系包括了各类创新主体，主要涵盖科研机构、高校、企业、中介机构等。这些创新主体所从事的创新研究也包括了创新链条的各个环节，主要囊括了基础研究、技术开发、技术转移及产业化等。同时，为了加快实施创新驱动发展战略，破除体制障碍，培育创新人才，我国相应配套了科技政策、财政政策、税收政策、金融政策、知识产权、产业政策、竞争政策、教育政策等多元化的政策工具。

1.1.1.2 人才创造力成为创新根基的客观背景

一国的强大需要依靠创新，创新的实现则需要凭借人才。在创新发展过程中，需要投入众多要素，人才是众多要素中的核心组成部分。我国经济发展进入新常态，人才已然成为创新的真正主体，创新驱动的背后实质上是人才驱动。具体而言，在当今时代，人才资源已经成为经济社会发展的第一资源，人才资源的作用也愈发明显。

人口红利是我国过去经济社会发展的最大红利。然而，国家统计局 2013 年 1 月公布的数据表明，2012 年我国 16~59 岁劳动人口出现绝对下降，比 2011 年同期减少了 345 万人。因此，从 2012 年开始，我国人口

① 2016 年 5 月，由中共中央、国务院发布，自 2016 年 5 月起实施。

② 依据《中华人民共和国国民经济和社会发展第十三个五年规划纲要》《国家创新驱动发展战略纲要》和《国家中长期科学和技术发展规划纲要（2006—2020 年）》编制，2016 年 8 月 8 日由国务院印发。

红利开始消失①。2018年10月24日，李克强总理应邀在中国工会第十七次全国代表大会上做经济形势报告时阐述，中国40年改革开放使广大劳动者的素质持续提升，技能水平不断提高。“人口红利”加速向“人才红利”转变，这是中国发展的最大“底气”②。

为了保证我国经济社会持续发展，全国各省份开始全面培养及塑造创新型人才、实用型人才和领军型人才，以实现人才资源开发、人才结构调整及人才投入保证。同时，持续推进人才发展与各省份战略发展相结合，以及人才规模、质量、结构与区域发展相融合。

人才资源已经被视为推动经济持续发展的关键优势，而人才创造力则为人才资源的核心要素。习近平总书记于2018年7月主持召开中央财经委员会第二次会议时强调，要充分发挥人才创造活力，实现在科技竞争领域、商业竞争领域以及国家综合国力竞争领域的突破③。由此表明，人才创造力对于国家、社会乃至企业均具有战略性意义。

1.1.2 劳动力市场现状

1.1.2.1 新生代员工成为劳动力市场主力军的现实背景

企业是建设创新型国家的重要主体，企业创新是国家整体创新的重要组成部分。对于企业而言，企业竞争依靠人才，企业创新更需要人才。因此，企业注重培养创新人才和创新团队，为自身创新提供“软件”保障，为企业价值增长提供重要来源。

《中国统计年鉴》(2019)显示，我国总人口中年龄处于16~39周岁的约为4.8亿，占总人口的34.45%，占劳动力人口的比例高达52.80%④，该阶段的劳动力被学术界及实践界视为新生代员工。另外，新生代员工

---

① 国家统计局.中国统计年鉴(2013)[M].北京：中国统计出版社，2013.

② 李克强.“人口红利”加速向“人才红利”转变，这是中国发展的最大“底气”[EB/OL]. http：//www.gov.cn/guowuyuan/ 2018-10/25/content_5334370.htm.

③ 习近平.习近平主持召开中央财经委员会第二次会议强调，提高关键核心技术创新能力，为我国发展提供有力科技保障[EB/OL]. http：//news.youth.cn/sz/201807/t20180713_11669615.htm.

④ 国家统计局.中国统计年鉴(2019)[M].北京：中国统计出版社，2019.

不仅在数量上逐渐增加，而且在经济、社会等领域扮演的角色越发重要。由此推断，在劳动力市场中，新生代员工已经成为生力军。

新生代员工是在经济不断发展、社会持续进步、教育制度逐步完善等良好宏观环境下成长起来的群体。相对而言，新生代员工的受教育水平显著提高，其所掌握的新知识含量明显增加，且随着信息技术的发展，新生代员工能够通过现代通信设备获取并掌握的新知识及新技能持续增多。由此推断，新生代员工拥有高水平创造力已经具备了主观基础和客观基础。此外，新生代员工同时吸收了中国本土文化以及西方外来文化。所以，新生代员工较非新生代员工更具高冒险精神、追求自我价值实现、权力距离水平更低的特点。这也使新生代员工的创造性更加突出，能够为企业实现持续发展提供更多动力，助力企业创造更高的价值。

综上所述，新生代员工已经成为企业人才队伍中的中流砥柱，成为我国企业和社会发展中不可或缺的力量。所以，新生代员工创造力将深刻影响企业的创新能力。企业员工创造力是企业创新的基础性要素。因此，企业如何从新生代员工的诉求出发，选择更加科学合理的方式，激发新生代员工的创造力显得尤为重要。因此，为了企业的生存、发展、创新，研究新生代员工创造力相关问题势在必行。

1.1.2.2　企业管理者视新生代员工为特殊群体的实际现状

新生代员工的价值观与传统的价值观存在明显差异，企业管理者普遍认为新生代员工责任意识差、以自我为中心，同时缺乏规则意识和合作精神。令管理者更为困扰的是，新生代员工个性十足。在管理者认知中，新生代员工更加具有叛逆性，甚至藐视权威的典型特征。实际上，新生代员工的个体价值观与传统价值观的差异不仅体现在以上诸多方面。在工作情境下，新生代员工对自身工作有清晰的认知，也十分关注自身的工作喜好。此外，新生代员工重视工作和生活之间的平衡，对于工作内的自由度以及工作外的休闲有较强烈的需求。

管理者在管理过程中，往往需要正视新生代员工的个性，而且亟须转变管理风格和管理方式，使用具有差异性的管理方法对新生代员工进行管理，这将无法避免地增加管理者的工作内容及工作负担，而且新生代员工个体之间差异十分明显，管理者不得不对新生代员工进行具有针对性的引导。管理者迫于此种现状，一方面需要摒弃自身原有的观念和思想，说服自己尊重新生代员工的个性和价值观；另一方面在工作情境下，也需要主动转变与新生代员工的沟通方式，采取正式的、非正式的、面对面的及基于网络的多样化沟通方式。管理者也不得不对工作内容进行重新设计，增加工作内容的丰富性及弹性，以满足新生代员工对工作的期待。管理者在管理新生代员工的过程中，所付出的额外努力进一步促使管理者视新生代员工为特殊群体。

管理者已经形成了对新生代员工的负面认知，与此同时，管理者认为自身的负面认知难以触动新生代员工，更不会对新生代员工造成任何伤害。那么，在具体实践当中，"以自我为中心"的新生代员工是否不会被领导者对自身的负面认知伤害？即领导者的负面认知能否损害新生代员工的创造力？这一议题有待回答。因此，本书将探讨领导者追随反原型（领导者对追随者持有的负面认知）对新生代员工创造力的影响。

1.2 研究意义

1.2.1 理论意义

首先，本书构建了中国情境下的领导者追随反原型量表，该量表包含四个因子，即不称职、对抗激进、消极被动及低社交敏锐，而每个因子均包括了三个题项。该量表的理论意义在于证明了其与国外代表性量表在内容和结构上有所不同，该量表发现了具有中国鲜明特质的独立因子——低社交敏锐。该因子所暗含的内容（集体主义、和谐、面子、高语境文化）充分体现了中国典型文化特征。该量表为未来在中国继续探究追随反原型提供了研究工具，同时也响应了国内外学者对追随反原型进行跨文化研究的呼吁。

其次，本书从追随反原型方面对内隐追随理论进行实证研究，是对内隐追随理论研究视角的丰富。由于国内学者主要从领导者追随原型视角对内隐追随理论进行剖析，而忽略了从追随反原型视角进行探究。此外，本书增加了从领导者认知视角解读追随者的创造力。已有研究主要从领导者特质、领导者行为和领导者—追随者关系视角探讨领导者对追随者创造力的影响，而本书则从追随反原型角度（负面认知视角）来分析领导者对新生代员工创造力的作用机制，这一过程发现了创造力被削弱的新路径。

再次，本书转变探讨工作激情的主流基础理论——自我决定理论（Self Determination Theory，SDT）和自我调节理论（Self Regulation Theory，SRT），转而从组织支持理论（Organizational Support Theory，OST）出发，解释工作激情的变化。在本书中，工作激情在领导者追随反原型与新生代员工创造力之间的中介作用恰恰验证了组织支持理论，进而尝试拓展了工作激情研究的理论基础。

最后，社会自我效能感的负向调节作用，是将社会自我效能感引入组织行为学研究的例证。国内外关于社会自我效能感的研究主要关注儿童、青少年和大学生群体，并将大学生视为整个成年人研究群体。这种拓展并不严谨，其结论也有待考证。而本书的研究对象为工作情境中的成年人群体，其研究结果更能说明成年人群体社会自我效能感的作用。同时，本书也响应了学者将社会自我效能感引入组织行为学领域进行相关研究的呼吁，达到了扩大社会自我效能感研究情境的目的。

1.2.2 实践意义

第一，本书有利于企业对新生代员工创造力进行干预，也间接有益于提升企业乃至整个社会的创新能力。本书剖析了领导者追随反原型对新生代员工创造力的作用机理，从认知视角发现了领导者影响创造力的过程机制，明确了领导者负面认知对新生代员工创造力的损害，这将便于企业对新生代员工创造力进行干预，以提升新生代员工的创造力。《中国统计年鉴》（2019）显示，新生代员工已经成为企业员工总量的主体部分。因此，新生代员工创造力的增强将有益于企业创新能力的整体提升。因此，本书对从员工创造力方面提升企业创新能力将提供一定启示。

此外，企业是整个经济体中最活跃的细胞，企业创新能力的提升也表明了社会整体创新活动的投入增多、重要产业的国际技术能力增强、同样投入的产出绩效提高。总之，企业创新能力的上升将有效促进经济实现极大发展。更重要的是，企业创新是国家创新的重要组成部分。因此，本书对于提升员工创造力所提供的实践启示，将间接助力创新型国家的建设。

第二，本书为管理者纠正自身对新生代员工负面认知的必要性提供了依据。本书识别了现有管理者固有认知（领导者负面认知不会对新生代员工创造力造成损害）的偏差，验证了领导者负面认知对新生代员工创造力的损害，因此，有利于管理者增强自我认知修炼，形成清晰的自身角色定位，明确兼任领导者与教练员的双重角色定位。新生代员工不仅需要正常应对高压工作环境，同时自身对于工作—生活平衡及自我价值实现存在较高的需求，加之其成长环境的顺利性。这些因素均导致新生代员工在工作中难以较好地把控自身心态，极易滋生逃避心理及离职行为。以上现状为企业管理者的工作提出了新挑战。本书从管理者认知入手，提出管理者主动转变认知的具体举措，以引导管理者对新生代员工认知及行为的正向转变，并激发其创造力。

第三，本书有利于从组织支持方面提升新生代员工的创造力。新生代员工正向激励是企业人力资源管理工作的重要内容。而新生代员工激励必须基于新生代员工的特征，并选择科学合理的方式，构建支持性文化，以持续地激励新生代员工，并不断激发其创造力，以实现新生代员工的个体价值及企业的整体绩效目标。

第四，本书将有利于企业对新生代员工工作激情和社会自我效能感进行干预，进而增强新生代员工个体创造力。新生代员工已然成为企业发展和社会进步的中坚力量，新生代员工创造力的效用更是不言而喻。而本书检验了工作激情及社会自我效能感在领导者认知和新生代员工创造力之间的作用，解答了企业应该如何通过新生代员工工作激情和社会自我效能感的激发，建立怎样的内部科学合理的激励制度及管理制度，以挖掘新生代员工的自身潜力和创造力，促使新生代员工产生工作内驱力及产生有效工作行为，鼓励新生代员工自发地增加工作卷入程度。

1.3 研究目标与框架结构

1.3.1 研究目标

本书旨在回答领导者追随反原型（领导者对新生代员工的负面认知）能否对新生代员工创造力产生负面影响，同时探究工作激情能否在领导者追随反原型与新生代员工创造力之间起到中介作用，社会自我效能感能否调节领导者追随反原型对工作激情的影响。

通过领导者追随反原型对新生代员工创造力作用机制模型的构建及检验，以验证领导者消极认知为何能够损害新生代员工的创造力，以及该作用机制何时被增强或者减弱。为亟须转变领导者对新生代员工负面认知提供证据，也为提升新生代员工创造力提供相关建议。具体目标如下：

（1）分析“创新”及“创造力”作为当下时代关注重点的现状以及劳动力市场中新生代员工所起到的中流砥柱作用，以从实践视角确认本研究的必要性。

（2）梳理国内外对内隐追随、创造力、工作激情及社会自我效能感的相关研究文献，从理论上确认本书研究的必要性。

（3）开发中国情境下的领导者追随反原型量表，以获取测量领导者追随反原型的本土测量工具。

（4）梳理已有对领导者追随反原型与创造力的研究文献，构建领导者追随反原型对新生代员工创造力的作用机制模型。

（5）回顾对工作激情的已有研究，引入工作激情变量，以构建具有中介作用的理论模型。

（6）整理对社会自我效能感的已有研究，引入社会自我效能感，以构建具有调节作用及被调节的中介作用模型。

（7）基于问卷调查及所获数据，验证所构建的理论模型，以证明该模型的有效性。

（8）提出对管理者认知、新生代员工工作激情及社会自我效能感进行干预的管理建议，以提升新生代员工的创造力。

1.3.2 框架结构

本书由七章内容构成，具体研究框架如下：

第 1 章，绪论。剖析社会背景与劳动力市场背景，以确认实践层面的研究必要性；阐述本书研究的理论意义及实践意义；明晰本书的总体研究目标及具体研究目标；确定为完成研究所使用的研究方法及具体的技术路线；剖析并总结本书的重要创新点。

第 2 章，文献综述。对新生代员工、领导者追随反原型、创造力、工作激情和社会自我效能感等基本概念进行相关文献回顾，以确认本书所采用的基本定义；回顾追随反原型、创造力、工作激情和社会自我效能感及领导力与员工创造力已有研究成果，并对已有研究进行详细梳理，同时对现有研究进行综合述评，指出现有成果中有待继续研究之处，最终确认本书研究的切入点。

第 3 章，理论基础。回顾组织支持理论与资源保存理论（Conservation of Resource Theory，COR Theory）的基本内涵、基本观点及相关应用领域，以确认本书研究采用此两种理论作为研究基础的重要原因及适用性。

第 4 章，理论模型与研究假设。对领导者追随反原型、创造力、工作激情和社会自我效能感之间的关系进行分析，构建基本理论模型，并提出主假设。依据主假设及领导者追随反原型、创造力、工作激情和社会自我效能感的各个维度，提出相应的研究子假设，最终构建完整的理论模型。

第 5 章，测量量表的设计与开发。第一，梳理国内外已有追随原型与追随反原型的结构，并分析现有结构的不足之处，以此提出开发本土量表的必要性。第二，基于扎根理论对领导者追随反原型的结构维度进行探索与验证，并对其信度和区分效度进行检验。第三，回顾现有文献，选择与领导者追随反原型具有较高相关性的变量作为前因变量和结果变量，与西方成熟量表相比较，检验本书开发的领导者追随反原型构念效度，以探究领导者追随反原型的构念特征。第四，对于中国情境下的领导者追随反原型内容进行深度解释，并阐述该量表的理论意义。

第 6 章，大样本调研与假设检验。首先，对领导者追随反原型与新生代员工创造力进行统计性描述、共同方法偏差检验以及变量区分效度检验。其次，针对领导者追随反原型直接影响新生代员工创造力的研究假设，使用结构方程模型检验领导者追随反原型与新生代员工创造力的关系，并对主效应变量间的各维度效应进行检验。再次，对领导者追随反原型与新生代员工创造力关系模型中的中介与调节效应进行检验。包括工作激情的中介效应检验及工作激情各个维度的中介作用检验、社会自我效能感的调节效应检验及社会自我效能感各个维度的调节效应检验。最后，对被调节的中介效应进行检验，即对社会自我效能感调节工作激情在领导者追随反原型与新生代员工创造力之间的中介作用进行检验，并对各维度的调节效应进行检验。

第 7 章，结论与展望。根据检验结果，总结主要研究结论。基于研究结果，提出了增强管理者自我认知的对策、员工创造力提升的对策、工作激情及社会自我效能感干预方面的对策。然后，回顾整个研究，并剖析本书的不足之处，同时对未来研究提出展望。

1.4　研究方法与技术路线

1.4.1　研究方法

1.4.1.1　文献研究法

使用中国知网、EBSCO数据库、ProQuest博士论文全文数据库及谷歌学术等对国内外内隐追随理论、领导者追随反原型、新生代员工、创造力、工作激情、社会自我效能感、组织支持理论、资源保存理论等领域的学术文献进行搜索与整理。同时，对文献进行拓展搜索，将首次检索到的重要文献进行进一步追踪及整理。通过对国内外内隐追随理论、领导者追随反原型、新生代员工、创造力、工作激情、社会自我效能感、组织支持理论、资源保存理论的相关研究梳理，明确已有研究现状及研究基础，明晰各个变量的含义及其关系，以此提出研究议题及理论模型。

1.4.1.2　扎根理论技术

在中国情境下领导者追随反原型的量表开发阶段，需利用扎根理论获取其结构。第一，依照严谨的质性研究流程对领导者追随反原型的结构维度进行探索与验证，并对其信度和区分效度进行检验；第二，回顾现有文献，选择与领导者追随反原型具有较高相关性的变量作为前因变量和结果变量，与西方成熟量表相比较，检验本书开发的领导者追随反原型构念效度，以探究领导者追随反原型的构念特征。

1.4.1.3　问卷调查与统计分析

使用已有的创造力、工作激情和社会自我效能感成熟量表，以及本书在研究过程中所开发的领导者追随反原型量表进行问卷调查，本次问卷调查主要通过网络和实地进行数据获取。通过AMOS24.0、SPSS19.0两个软件将所获数据进行处理，使用结构方程模型验证工作激情的中介效应及社会自我效能感的调节效应，采用拔靴法验证所构建被调节的中介模型。通过以上方法检验领导者追随反原型对新生代员工创造力的作用机制。

1.4.2 技术路线

本书的技术路线如图 1-1 所示。

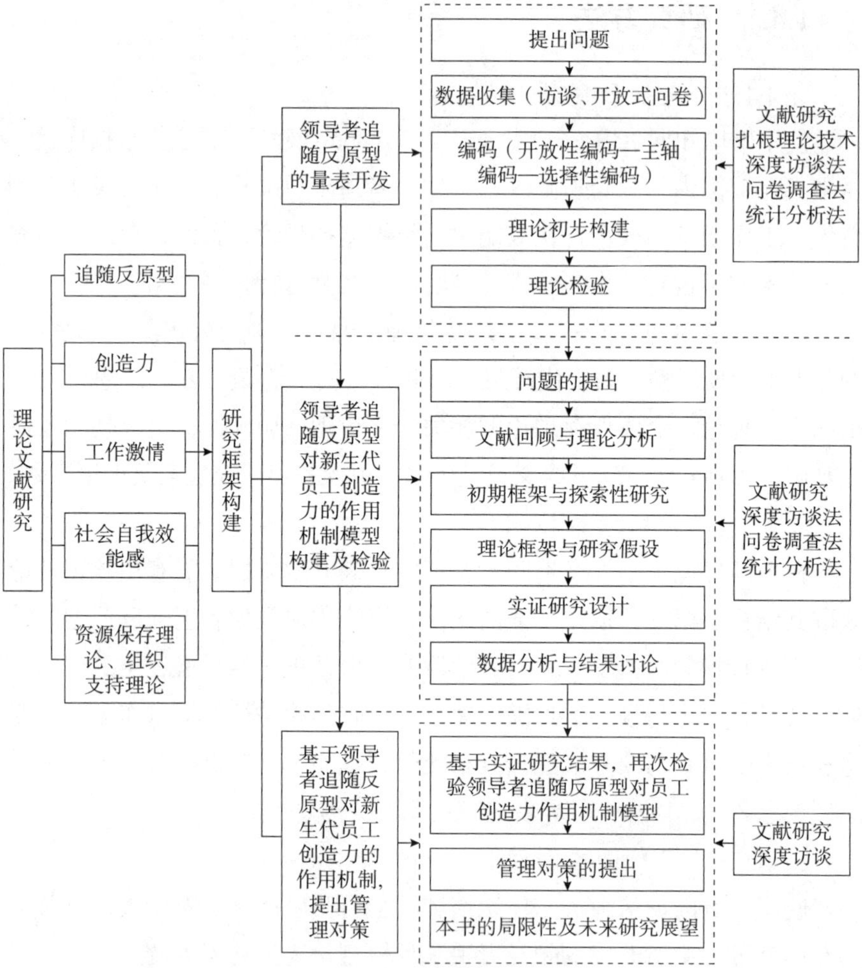

图 1-1　本书的技术路线

第一，理论文献研究。对内隐追随理论、领导者追随反原型、新生代员工、创造力、工作激情、社会自我效能感、资源保存理论、组织支持理论等进行文献搜集与分析，明确本书所采用的基本定义，同时确认本书的理论基础及研究切入点。

第二，模型构建。在文献分析的基础上，阐述各个变量之间的关系，构建基于内隐追随的领导者追随反原型对新生代员工创造力的作用机制模型，并提出主假设及对应子假设。

第三，调查研究。首先，进行领导者追随反原型量表设计与开发所需的小样本预测试和大样本测试。其次，进行领导者追随反原型对新生代员工创造力作用机制所需的跟踪调研。

第四，模型验证。基于结构方程模型，对所获数据进行统计分析，检验领导者追随反原型对新生代员工创造力的影响、工作激情的中介作用及社会自我效能感的调节作用。

第五，提出管理对策。基于检验结果，得出相应结论。根据基本结论，提出具体的实践管理建议。回顾整体研究，明晰本书的不足，并指出未来研究展望。

1.5 创新点

本书的创新点如下：

第一，基于中国情境开发了领导者追随反原型量表。近年来，国际权威期刊发表了多篇关于内隐追随理论的文章，使内隐追随理论的内涵、结构和测量等方面取得了一定进展。然而，国内对其研究仍处于起步阶段，主要研究成果包括文献综述和影响效果。同时，国内学者对内隐追随理论的研究，普遍采用 Sy（2010）开发的量表。但是，已有研究表明，内隐理论难免受到文化的干扰（Sternberg，1985）。因此，本书构建了中国情境下的领导者追随反原型量表。该量表的理论贡献主要体现在两个方面：① 证明了与国外代表性量表在内容和结构上的差异性。② 发现了具有中国鲜明特质的独立因子——低社交敏锐，该因子所暗含的内容（集体主义、和谐、面子、高语境文化）充分体现了中国典型文化；另外，该因子的发现进一步证明了，立足于文化主位对追随反原型的研究将能更加全面地解释追随反原型在中国的框架。所以，该量表不仅能够揭示中国情境下领导者追随反原型的具体内容及测量指标，为未来中国情境下的反原型研究提供测量工具，也响应了国内外学者对追随反原型进行跨文化研究的呼吁。

第二，构建了领导者追随反原型对新生代员工创造力影响的模型。员工创造力的形成机制具有多元性，领导者在其中占有重要地位（古银华等，2017；雷星晖等，2015）。在现有研究中，主要从领导者特质、领导者行为和领导者—追随者关系视角探讨领导者对追随者创造力的影响（Basu & Green，1997；Liu et al.，2013）。少数学者开始从领导者认知视角，使用内隐追随理论从追随原型方面探究领导者对追随者创造力的影响（Kong et al.，2016，2017）。然而，在对内隐追随理论的研究中，已有研究着重关注领导者追随原型所产生的影响（Duong，2012；Whiteley et al.，2012；Sy，2010；孔茗、钱小军，2015；彭坚、王霄，2016；祝振兵等，2017；孔茗等，2019；张典、曹春明，2020），国内学者鲜有对领导者追随反原型的后果变量进行探究。若忽略该视角的探讨，将很难完整地描述内隐追随理论的全貌。这是因为，现有学者已从双视角构建内隐追随理论框架。Sy（2010）从追随原型和追随反原型两个维度建构该理论框架，Junker（2016）等从“理想追随者”和“非理想追随者”探析内隐追随理论框架，而这些理论框架仍需实证研究加以验证。并且，国内学者呼吁从反原型视角研究该理论（杨红玲、彭坚，2015）。故本书将从反原型视角展开对员工创造力的影响研究，以与现有追随原型对员工创造力的影响研究形成完整视角共同解读创造力，这也是对内隐追随理论研究的有益补充。

第三，将社会自我效能感引入组织行为学研究领域，扩大了社会自我效能感的研究情境。本书证明了社会自我效能感的负向调节作用，是将社会自我效能感引入组织行为学研究的例证。社会自我效能感源自自我效能感，是社交情境下特殊的自我效能感。然而，国内外关于社会自我效能感的研究主要关注儿童、青少年和大学生群体，并将大学生视为整个成年人研究群体。这种扩展并不严谨，其研究结论也有待考证。而本书的研究对象为工作情境中的成年人群体，研究结果更能说明成年人群体社会自我效能感的作用。此外，社会自我效能感具有情境性和动态性，能够随着社交情境和社交任务的变化而相应产生变动。因此，大学生群体的社会自我效能感虽然属于社交情境下的自我效能感，但是却局限于校园环境下的社交情境，其研究结论无法代表其他情境下的社会自我效能感。所以，本书响应了将社会自我效能感引入组织行为学的呼吁，将社会自我效能感研究情境扩展至工作情境，达到了扩大社会自我效能感研究情境的目的。

第 2 章

文献综述

2.1　相关概念界定

2.1.1　新生代员工

“代”是指共同经历重大历史事件的相同年龄阶段群体，各个代群之间凭借着不同经历能够相互区别①。该定义是由 Kupperschmidt（2000）所提出，也是迄今为止被学术界广泛认可的定义。

国外学者对于“代”的研究较为成熟，一般将“代”划分为“沉默一代”（1945 年之前）、婴儿潮一代（1946~1964 年）、X 世代（1965~1979 年）、Y 世代（1980 年以后），这种划分方式主要是基于重大历史事件及人口统计学特征。

我国学者对“代”的划分标准主要有三种：第一种是与西方学者使用了相似的划分方法，即按社会重大历史事件对代群进行划分。张永杰和程远忠（1988）依据重大历史事件将中国人划分为四代②：出生于 1949 年以前的“新中国成立前一代”、出生于 1950~1966 年的“社会主义建设一代”、出生于 1967~1978 年的“文革一代”、出生于 1979 年之后的“改革开放一代”。

---

① Kupperschmidt B. R. Multigeneration Employees：Strategies for Effective Management[J]. Health Care Manag，2000，19（1）：65-76.

② 张永杰，程远忠．第四代人［M］．北京：东方出版社，1988.

第二种是按照出生年代进行划分（刘凤香，2010），将代群划分为：出生于1950~1959年的“50后”、出生于1960~1969年的“60后”、出生于1970~1979年的“70后”、出生于1980~1989年的“80后”、出生于1990~1999年的“90后”、出生于2000年以后的“00后”，以及出生于2010年以后的“10”后。

第三种是将1980年作为划分的时点（李燕萍、侯烜方，2012），即将1980年及以后出生的人群视为“新生代”，包括“80后”“90后”“00后”和“10”后。

代际差异是社会发展过程中的客观现象。由于不同时期出生的人群所经历的历史时期有所差异，导致其价值观及处事方式等方面必然不同。代际之间的差异能够泛化至组织情境，使不同代际的人群在工作中也面临诸多问题。本书根据第三种代群划分方法，并结合代际差异现状，同时考虑劳动力市场实际情况，将新生代员工定义为：出生于1980年以后的劳动力，包括“80后”“90后”及“00后”。

基于已有研究成果，在工作情境下，新生代员工的人格特质、对组织态度、工作价值观、工作环境偏好等方面具有明显特征。例如，新生代员工的自尊、自恋及焦虑程度更高；新生代员工的组织承诺较低，更倾向于对职业忠诚而非组织忠诚；新生代员工兼顾工作与自我价值实现，兼顾工作地位与工作自由，兼顾工作与生活平衡；新生代员工更加期望工作场所具备趣味性①。

2.1.2 领导者追随反原型

2.1.2.1 内隐追随定义

领导者追随反原型来源于内隐追随理论，它是内隐追随理论中的核心维度之一。内隐追随理论与内隐领导理论（Implicit Leaderhip Theories，ILTs）具有相似的加工机制，但内隐领导理论先于内隐追随理论而产生，

① 刘凤香. 工作场所代际差异研究述评及整体模型构建［J］. 外国经济与管理，2010，32（1）：50-57.

所以，内隐领导理论为内隐追随理论的研究提供了一定思路。二者的主要区别在于探究的对象不同：内隐领导理论剖析的是领导者及追随者心目中的领导者原型；内隐追随理论分析的则是领导者心目中的追随者原型。二者的主要相似之处是均基于认知理论（杨红玲、彭坚，2015）。

最初，有关内隐追随理论的研究，主要分析了追随者视角下“有效”和“无效”追随者的特征（Carsten，2010，2013）。当然，关于内隐追随理论的内涵和维度最具代表性则是 Sy（2010）所提出的观点，其认为内隐追随理论是个体头脑中关于追随者的认知。追随者的实际行为能够刺激该结构，即若追随者实际行为与评判者原有认知结构匹配，那么，该追随者则被认定为“有效”的追随者；反之，若追随者实际行为与评判者原有认知结构不匹配，那么，该追随者则被认定为“无效”的追随者。同时，Sy（2010）主张评判者既可以是领导者，也可以是追随者。

国外学者在对内隐追随理论进行定义完善的过程中，彭坚和王霄（2015）也对该定义进行了相关研究，并对西方学者给出的定义提出了质疑，即西方学者所提出定义不仅包括了内隐认知，也包括了外显认知。基于此，两位学者提出了“追随力认知图式”这一术语，并指出“追随力认知图式”包括外显和内隐追随图式。

综上所述，针对内隐追随理论，不同学者基于领导者视角、追随者视角、积极视角、消极视角提出了具有差异性的定义，尽管仍旧存在一定分歧，但是其一直在被完善。

2.1.2.2　追随反原型定义

内隐追随理论是个体心目中与追随者特质和行为有关的认知图式，包括“原型”和“反原型”两个方面（Sy，2010）。“原型”是指对追随者积极的认知，“反原型”是指对追随者消极的认知。其中，追随原型包括勤勉、热情和好公民，追随反原型包括不顺从、不称职和从众。

在本书的研究中，我们主要关注内隐追随理论的“反原型”部分，即个体心目中对追随者的消极认知。此外，已有研究表明，领导者—追随者的追随原型或追随反原型是否匹配将对同一结果变量产生不同影响。因此，为了使本书的研究更为严谨，将仅探讨领导者—追随者的追随反原型匹配情境下的相关问题。本书中领导者追随反原型指的是，领导者对追随者持有负面认知图式，即认为追随者是具有负面特质的个体。

2.1.3 创造力

对于创造力的研究最早可以追溯至20世纪50年代，对其探究始于个体心理实验室，后期管理学学者基于问卷调查等方法将创造力研究引入管理领域。

现有对创造力概念的界定可以归为三类：第一，创造力被视为个体能力特质之一，有些个体可以被划分为高创造力个体，相应地有些个体则可以被划分为低创造力个体（Guilford，1959）。第二，创造力被视为一种思维过程，即创造力是对特定问题的机会识别、信息收集、创意产生和创意评估等（Amabile，1983）。第三，创造力被定义为一种结果，即创造力是指新颖且实用的理念、想法、程序或事物（Anderson et al.，2014）。当然，由于结果观主要强调创造力的有用性和新颖性，故部分学者在结果观的基础上进行了更深层次的研究，即根据创造性活动的内部动机与外部动机，以及需要解决的开放性、发现性问题和需要解决的封闭性、呈现性问题对创造力进行分类，将创造力分为反应性创造力、期望性创造力、促成性创造力和主动性创造力。

由于第三种观点所提出的基于结果观创造力更容易被理解和测量，因此，更多学者采用其作为实证研究对象①，故本书将基于结果观对追随者创造力进行剖析。

2.1.4 工作激情

关于激情概念的清晰解读最早可以追溯至1905年，Ribot在国际心理学家会议中将激情与情绪进行了区分，认为情绪相对短暂，与理性相

① Anderson N., Potocnik K., Zhou J. Innovation and Creativity in Organizations：A State-of-the-science Review, Prospective Commentary, and Guiding Framework [J]. Journal of Management, 2014, 40（5）：1297-1333.

对；而激情则相对持久，且具有力量感。至此，激情的概念首次被厘清。

在激情概念被明确后，激情研究进展至一般激情（Seguin-Levesque et al.，2003），一般激情是人们对偏好行为的一种强烈倾向，并且认为该行为具有重要性，故愿意投入时间和精力。因此，从定义中可以解析，一般激情包含三个方面：情感（对行为强烈偏好）、认知（体验到个体价值和意义）和行为（投入更多时间和精力）。

学者将一般激情移植至组织情境，产生工作激情（Vallerand et al.，2003），并将其定义为个体在工作中能够体验到的价值与意义，发自真心地热爱工作，并愿意在该工作中投入时间与精力①。

工作激情能够使个体在工作中体验到个体价值和意义，具有强烈的积极情绪和内在驱动，并投入更多的时间和精力。因此，工作激情承载着个体的价值观，包含着个体对工作本身强烈的情感成分，不受报酬、环境、同事关系等因素的影响，对个体行为具有内隐影响。

2.1.5 社会自我效能感

社会自我效能感来源于自我效能感，自我效能感是由 Bandura（1997）在《自我效能——控制的实施》一书中提出的，自我效能感是个体对自身能够完成特定任务所含有的信心程度。Bandura（1997）在提出自我效能感的同时，也关注到了社交情境下的自我效能感，但是并未对其进行明确定义。早期学者也在许多研究中涉及了社交信心这一维度，但是各学者用词并不统一，且界定也各有不同。

因此，尽管 Bandura（1997）等意识到了社会自我效能感，但却缺乏对其系统性研究。直至 Smith 和 Betz（2000）明确提出了社会自我效能感的定义，该概念界定也是沿用至今、使用最广泛的定义。社会自我效能感是自我效能感在社交情境中的具体化，它是指个体对自身参加社交任务，且在社会互动中发展、维持人际关系能力的自信心和信念，它

---

① Vallerand R. J.，Houlfort N. Passion at Work：Toward a New Conceptualization［M］. North Carolina：Information Age Publishing，2003：175-204.

是个体对自身社交能力的认可。

社会自我效能感能够影响个体在人际交往过程中的互动策略选择和互动质量，与自我效能感和其他一般情境下的自我效能感相比，它通过影响与同事、领导者的互动质量，进而影响个体人际关系的和谐程度，最终影响个体的工作绩效等。因此，它能够更加准确地预测个体在工作中的表现。同时，社会自我效能感具有情境性和动态性，它能够随着社交情境和社交任务的变化而相应产生变动。

但是，随着对社会自我效能感研究的深入，学者开始逐步意识到不同文化背景下及不同情境下社会自我效能感含义的差异。Smith 和 Betz（2000）对社会自我效能感进行定义，其研究对象为美国大学生，故其文化背景为个人主义，因此导致其定义具有典型的个人主义倾向。然而，当学者基于集体主义环境对社会自我效能感进行定义时，提出了社会自我效能感包括了个体对发展关系、维持关系的综合预判（Fan et al., 2012），然而这种二元结构定义的实证研究较少。

此外，对社会自我效能感的研究对象也逐渐由大学生转变为工作情境中的个体，Fan 等（2013）基于工作情境提出了相应概念，认为社会自我效能感为个体对参加与工作有关的社交活动，以及与组织中其他成员发展及维持良好人际关系信心的程度[①]。同时，提出了社会自我效能包括四个维度：社交聚会、公众表现、寻求与提供帮助、冲突管理。本书的研究对象为工作情境中的个体，故采用 Fan 等（2013）提出的定义。

① Fan J., Litchfield R. C., Islam S., et al. Workplace Social Self-efficacy: Concept, Measure, and Initial Validity Evidence [J]. Journal of Career Assessment, 2013, 21 (1): 91-110.

2.2 追随反原型的相关研究

2.2.1 内隐追随的相关研究

内隐追随理论是继续对追随力进行探究的相关理论，目前，追随力的发展主要包括以下几个阶段：

第一，追随者特质理论。该理论重点关注了优秀的追随者应该具备哪些特质（原涛、凌文辁，2010；彭坚等，2016）。第二，追随者行为理论。该理论从不同维度剖析了追随者行为（赵慧军，2013）。第三，社会构建理论。该理论强调追随力是在领导者与追随者的互动之中而形成的（DeRue & Ashford，2010；Fairhurst & Grant，2010；Carsten & Uhl-Bien，2015）。第四，内隐追随理论。该理论考察了个体心目中的追随原型（Sy，2010；Alipour et al.，2017；Foti et al.，2017），其与内隐领导理论相对应（Lord，1985）。追随力发展阶段如表 2-1 所示。

表 2-1 追随力发展阶段

追随力发展阶段	研究内容
追随者特质理论	优秀追随者的特质
追随者行为理论	追随者行为的构成要素
社会构建理论	领导者与追随者互动中所塑造的追随者特征
内隐追随理论	个体头脑中的追随原型

内隐追随理论是社会认知理论应用于追随研究领域的产物。现有国内外学者（Foti et al.，2017；王弘钰等，2018）主要对其内涵、结构、测量、加工机制进行了分析，也从个体、环境和文化三个方面剖析了内隐追随的形成机理（Kedharnath et al.，2011；曹元坤等，2015；Braun et al.，2017），同时探讨了其对领导者和追随者的影响及边界条件（彭坚等，2018）。

2.2.1.1 内隐追随的加工机制研究

（1）认知分类理论。

Rosch 等（1976）对物体分类问题进行了相关研究，认为所有生物均具有对环境刺激进行分类的功能。为了便于对外部世界认知，个体会本能地对客体进行分类，在此过程中既实现了认知节约，也了解了外部世界。另外，Rosch 等（1976）最早提出了认知模型，主要从垂直方向和水平方向将物体进行认知分类。在垂直方向上，个体能够将物体分为最高水平、基础水平和最低水平。

Lord 等（1984）基于 Rosch 等（1976）对于物体的分类方法，将其引入组织行为学的研究中，进而提出了个体对领导者分类的理论，即内隐领导理论。后期，Lord 和 Maher（1990）按照此类思想将其应用于对追随者的划分，并提出了内隐追随理论。

遵循 Rosch 等（1976）提出的认知模型，追随者亦可分为三个层次，即最高水平、基础水平和最低水平。在此分类中，最高水平主要用于区分“追随者”和“非追随者”，故可以应用于所有领域。基础水平主要用于区分不同领域中的追随者，故在应用时需要特指某一特定领域。最低水平主要用于区分某一领域不同岗位的追随者，故在应用时需要特指某一岗位。

（2）信息加工模型。

个体认知系统中具有有限的知识和资源，但个体仍然具备对外部信息进行加工的能力。个体对外部信息加工的方式可以分为控制的信息加工方式和自动的信息加工方式。此种分类方式主要是基于个体所付出努力的程度不同。控制的信息加工方式是个体需要通过努力有意识地对外部信息进行处理。而自动的信息加工方式则是个体不需要过多的努力，而对外界进行的无意识信息加工。但任何一种信息加工方式均需要建立在个体原有认知基础之上，而个体原有认知是经过社会交流和生活经验而形成的。

Lord 等（2010）认为，个体对追随者信息进行加工的时候，需要通过比较目标个体的特征和个体头脑当中关于追随者的原型，进而做出判断。而这种比较的过程，也可以分为控制的比较过程和自动的比较过程。在自动比较情况下，个体会在无意识情况下直接对目标个体特征与头脑中的原型进行比较，从而直接形成判断结果。在控制的情况下，个体需要通过多次对比目标个体特征和头脑中的原型，从而形成最终的判断。

（3）联结主义网络模型。

联结主义网络模型模仿人脑的结构和功能，将其描述为类似神经元加工单元的网络，该网络能够持续不断地输入信息，并激活联结的单元（Lord et al.，2001）。当然，联结主义网络当中还存在缺少连接的单元。

基于联结主义网络模型，我们可以进行如下解释：当个体感知到外部的刺激后，能够迅速激活已经存在的网络。该网络中的单元与单元之间存在一定的连接路径，该路径也具备一定的权重，此权重决定了信息传递时激活的程度，这些权重是通过个体后天学习确定的。当然该权重并非固定不变，随着进一步学习，该权重也会相应发生改变。

简而言之，当外部刺激与个体已有认知原型相匹配时，个体将获取到新知识，即可以完善原有单元之间的联结路径。如果外部网络输入的信息发生错误，那么个体能够通过一定的策略来进行单元之间的路径调整，以重塑模型。联结主义网络模型，从微观层面上，解释了个体的内隐图式被激活、被改变的过程。

（4）自适应共振理论。

自适应共振理论是指，神经网络能够自主地对外界刺激信息进行识别和编码。当接收到外部刺激的时候，大脑开始进行信息加工，将这些外部刺激与大脑中原有的原型进行比较。如果外部刺激与原有大脑当中的原型不匹配，那么该类信息将被划分至其他类别。此外，大脑也可以基于新的信息再构建一个新的原型。但如果外部刺激与原有大脑中的类型匹配，则意味着达到了所谓的“共振状态”，这样原有大脑中追随原型的可信性将得到提升。

综上所述，现有对内隐追随加工机制进行解释的理论包括认知分类理论、信息加工模型、联结主义网络模型和自适应共振理论，如表 2–2 所示。

表 2-2 内隐追随的加工机制

加工机制	核心思想
认知分类理论	基于认知模型，对追随者进行分类
信息加工模型	原有认知与客观追随者进行比较，以对追随者形成判断
联结主义网络模型	外部信息输入并激活现有认知，以完善或重塑原有模型
自适应共振理论	外部刺激与大脑中原型相匹配，即达到共振状态

认知分类理论与信息加工模型是早期所提出的加工理论，它主张通过比较目标表征（实际表现）与类别表征（追随原型）相似程度来对追随者做出类型区分（Lord et al.，1984；Epitropaki et al.，2013）。但是，因为其忽视了情境因素及个体变化因素，所以其他学者对其表示质疑。联结主义网络模型通过网络系统及信息输入过程能够较好地解释内隐追随理论（Shondrick et al.，2010；Lord & Maher，2010），它既表现出内隐追随的相对稳定性，也反映出其动态可塑性。自适应共振理论，认为内外部刺激与长期记忆中的类别原型能够进行自动比较（Shondrick et al.，2010），以确认是否能够达到共振状态。总之，自适应共振理论能够很好地解释内隐追随与内外部刺激相互作用的动态过程。

2.2.1.2 内隐追随结构的相关研究

对于内隐追随的结构，不同学者根据不同研究对象，提出了具有差异性的结构划分。最初，Carsten 等（2010）发现了三个类别的追随者，即顺从型追随者、积极型追随者和主动型追随者[①]。

而在内隐追随理论结构中，最被广泛认可的则是 Sy（2010）所提出的结构。Sy 认为内隐追随理论包括追随原型和追随反原型两个维度。而追随原型包含勤勉、热忱和好公民，追随反原型包含从众、不称职和不顺从，并且可以通过 18 个题项对个体、团队和组织层面的内隐追随进行测量。

随后，根据 XY 理论和归因理论，Yip（2013）认为内隐追随包含“动

① Carsten 等（2010）将此三类追随者具化为 12 种特质：团队合作、积极态度、工作主动、表达意见、服从安排、处事灵活、善于交流、为人正直、忠于领导、承担责任、工作所有权和任务意识。

机”和“能力”两个维度。Derler 和 Weibler（2014）提出了“特质维度”与“行为维度”，“特质维度”与 Sy（2010）开发的追随原型结构一致，而“行为维度”包括了探索性行为和利用性行为。Junker（2016）等主张内隐追随理论包括“理想追随者”和“非理想追随者”两个维度。

国外学者对内隐追随理论的结构并未达成一致，同时，国内学者也开始对该理论结构进行剖析。祝振兵等（2017）发现内隐追随由工作能力强、工作态度好和好公民三个一阶因子组成。王弘钰等（2018）认为，本土内隐追随由工作能力、真诚拥护、以和为贵三个维度构成。李云剑（2019）发现内隐追随由工作能力、忠诚上级、团结同事、公开破坏、包藏祸心五个维度组成。

总体来看，对内隐追随结构的研究主要包括追随原型和追随反原型视角，研究对象涵盖了领导者和追随者，研究内容包括了追随者特质和追随者行为，尽管研究视角、研究对象及研究内容有所差异，但对于后续研究均奠定了重要基础。

2.2.2 追随反原型的影响研究

2.2.2.1 追随反原型对领导者的影响研究

现有研究表明，追随反原型与对下属态度、不当督导、领导—成员交换存在相关性。个体的认知对于自身的态度具有引导作用。领导者的追随反原型能够降低自身对下属的喜爱程度，并产生更低的绩效期望（Sy，2010；Whiteley et al.，2012）。而且领导的追随反原型能够激发自身对下属的不信任，甚至有可能产生敌对心理。

领导者追随反原型既会影响领导者自身对下属的态度，也会改变领导者的行为。根据认知—行为链，个体的认知影响个体的行为。基于此，领导者追随反原型首先促发领导者对下属的负面认知，继而使领导者产生对下属的不当督导行为（赵君伟，2013）。

领导者追随反原型不仅会引发自身对下属的负面态度和产生不当督导，而且也会对领导—成员交换质量产生影响。根据领导—成员交换理论，领导者拥有有限的时间及精力，故领导者无法与所有下属建立相同水平的交换关系。若下属能够与领导者保持密切的关系，并得到领导者的信任，这一部分人被称为“圈内人”。反之，将与领导者保持较疏远的关系，无法得到领导的信任或者得到较少的信任，这部分人被称为“圈外人”。基于领导—成员交换理论的逻辑，并结合内隐追随理论，能够与领导者追随反原型匹配的群体被视为“圈外人”，那么“圈外人”与领导者之间的领导—成员交换水平将会比较低（Duong，2012；Whiteley et al.，2012）。但是，Kedharnath（2011）认为，领导者的追随反原型并不会显著影响领导—成员交换。由此可见，对于领导者追随反原型与领导—成员交换关系的研究结果仍存在分歧。

2.2.2.2 追随反原型对追随者的影响研究

现有研究表明，领导者追随反原型能够显著影响追随者工作满意度、组织承诺、工作业绩和组织公民行为。领导者的追随反原型能够负向预测追随者的工作满意度（Sy,2010）。学者进一步对该结论进行深入研究，发现了领导者追随反原型不仅能够负面作用于工作满意度，而且还能够显著降低追随者的组织承诺（Kedharnath，2011；Duong，2012），并引发追随者的消极情绪。

Whiteley等（2012）通过研究发现，领导者的追随反原型降低了领导者对追随者的绩效期望、喜爱程度和领导—成员交换水平，最终将降低追随者的工作绩效。这一过程从领导者的追随反原型视角证实了皮革马利翁效应，也说明了领导者的追随反原型与追随者认知之间的交互作用，即领导者的负面认知能够带来追随者的负面认知，进而产生负面行为。

Tram-Quon（2013）进一步对该问题进行深入剖析，证明了领导者的追随反原型能显著降低团队工作绩效，这一研究拓展了追随反原型的研究层次，即将追随反原型的研究视角提升至团体层面。另外，Duong（2012）对领导者追随反原型与追随者的组织公民行为进行了探讨，证明了领导者的追随反原型对追随者的组织公民行为具有显著的负向影响。

通过整理相关文献发现，大量研究在集中探讨追随反原型对领导者自身和追随者的影响方面。而且现有研究基本得出了比较一致的观点：领导者的追随反原型能够调节自身对待追随者的态度与方式，而领导者对待追随者的态度与方式最终将影响追随者的心理与行为。

2.3 创造力相关研究

2.3.1 创造力的研究阶段

创造力研究先后经历了三个阶段：创造力过程的研究、创造者自身特征的研究以及创造行为结果的研究，每一个阶段创造力的内涵、结构、测量以及内在解释机理均有所不同，如表 2-3 所示。

表 2-3 创造力研究阶段

研究阶段	主要研究内容
创造力过程的研究	重点关注创造过程及创意的产生过程
创造者自身特征的研究	强调创造力受到创造者个体天赋、认知能力、知识水平、认知技能、心理特征、社会网络等因素影响，也是其个体能力特征的展现
创造行为结果的研究	创造力是基于个体和情境交互作用所产生的一种行为结果，既受到个体特征因素的影响，也受到组织环境的影响，并且二者之间的交互作用共同影响个体创造力

第一，创造力过程的研究。关于创造力的研究始于 20 世纪中叶，学者们重点关注创造过程及创意的产生过程是什么。其中最具代表性的成果是 Guilford（1950）提出的创造过程四阶段模型，这四个阶段包括准备阶段、孵化阶段、启发阶段以及查证阶段。Amabile（1983）提出了应用最广泛的创造力构成要素模型。该模型认为创造过程包括问题的识别阶段、资源储备阶段、寻找解决方案阶段以及检验解决方案有效性的阶段。

对于创造力过程的研究，学者们致力于打开创造过程的黑箱。但是，后续学者对于该研究视角也提出了批判，认为该研究虽然深入剖析了创造过程，却忽略了个体因素在创造过程当中的影响。例如，有些学者提出创造过程学派无法解释不同个体在同一情境下创造力存在差异的原因，这些质疑为后续学者从创造者个体特征视角研究创造力打下了良好的基础。

第二，创造者自身特征的研究。Guilford（1959）对创造力进行了重新界定，他主张创造力是创造者个体的天赋，也是其个体能力特征的展现。至此，其他学者逐渐将目光转移到创造者个体特征的相关研究，并试图解释为何个体创造力即使在同一情境下存在差异性，同时也积极尝试回答创造力个体差异是天生禀赋还是后天培养这个问题。对于创造者个体特征的相关研究一直处于创造力研究的主导地位。该研究主要是基于社会资本理论、心理资本理论、人力资本理论等。

通过社会资本理论等，学者们得出了个体之间创造力水平存在差异的主要原因是创造力个体在认知能力、知识水平、认知技能、心理特征、社会网络等方面存在较大的差异。基于这些原因，吴启涛和栾贞增（2017）将这些差异的原因归为四类，即稳定特质、状态特质差异、社会关系网络差异及特定行为差异。并将稳定性特质定义为：不会随着时间推移而改变的特征。例如，认知能力、认知模式、自我概念、价值观和人格等。而状态性特质是指，随着时间的推移，并不稳定的、会顺势改变的特征，如情绪、偏好等。除了稳定特质和状态特质外，社会关系网络和行为差异也会影响个体创造力的水平。社会关系、网络大小、强度、强弱关系程度及多样性均会影响个体获取信息的数量及水平，进而影响个体的创造力水平。当然，在创造过程中，创造力个体的助人行为、寻求反馈行为等，也会对个体创造水平产生影响。

第三，创造行为结果的研究。随着对创造者个体特征研究的丰富，学者开始质疑并批判个体特征的研究视角，认为该视角忽略了创造力情境因素的影响，而过于强调创造者的个体差异。故新的理论开始主张，创造力是基于个体和情境交互作用所产生的一种行为结果。当然，个体特征仍能够影响个体创造力，但组织环境对个体创造力的影响也无法被忽视。更重要的是，个体特征与组织环境的交互作用也将作用于个体创造力。

基于此，很多学者对创造行为结果进行了相关研究，并将组织情境进行了细化，将其分为组织内部情境和组织外部情境。组织内部情境再次被细化为组织层面情境、团队层面情境和工作任务层面情境。组织层面情境包括激励系统，具体分为组织文化、组织规范、组织支持、薪酬绩效等。团队层面则包括领导风格、领导行为方式、主管支持、主管期望、领导—成员交换、团队多样性等。工作任务层面则包括了工作自主性、工作控制、工作程序化、时间压力、任务结构、任务多样性等。而组织外部情境包括了家庭支持、朋友支持及客户支持等因素。

基于以上三个阶段对创造力的研究，我们可以得出以下结论：对于创造力的定义基本可以达成一致，但是对于创造力的解释机理仍存在较大差异，学者们从不同的视角对创造力进行了差异性解释。

2.3.2 创造力前因变量的相关研究

创造力的前因变量具有多样性，但经过梳理后可以分为个体要素和情境要素。

第一，个体要素对创造力的影响。个人要素当中的知识、情绪、动机均对个体创造力具有显著影响。

知识是创造力的基础，个体拥有的知识积累能够帮助个体创造性地解决问题，而教育水平则体现为在固定领域内知识的积累，故教育水平也能够显著地影响个体创造力（曾恺等，2019）。另外，个体抽象知识当中的认知视角能够提高个体认知的灵活性。例如，个体能够感知到的团队异质性，而团队异质性将能够给团队带来信息的多样性。信息的多样性将使资源池扩大，进而提升员工的创造力（步琼等，2019）。

知识隐藏通过个体之间的不信任，使个体之间缺少网络链接，进而使个体的链接知识形成受到阻碍，信息型断裂阻碍异质性知识资源的有效传递，削弱个体创造性想法的涌现（刘新梅等，2019），进而使个体的创造力降低，最终影响组织的整体创造力水平。可见，个体创造力能够受知识隐藏的影响（王天力、郭宇红，2019；Cerne，2017）。

情绪是个体受到刺激后所产生的身心激动状态，是对特定事物的独特反应。在情绪与创造力的研究中，学者们主要关注情绪在效价维度上的积极情绪和消极情绪与创造力之间的关系。早期研究主要发现了积极情绪能够激发个体的工作创造力（Isen et al.，1987）。然而随着研究的推进，负面情绪对创造力也有正面影响，这是因为积极情绪能够使个体对目前工作现状表示满意，而消极情绪则表示个体对现状不满意，需要花费更多的时间和精力进行思考，从而产生创造性产出（Geroge & Zhou，2002）。后期研究对于积极情绪和消极情绪对创造力的影响进行了批判，认为矛盾的情绪，即个体同时经历积极情绪和消极情绪，能够激发个体的创造力。

对于情绪的划分，除了能够将其划分为积极情绪和消极情绪的效价维度外，学者们也通过唤醒来对情绪进行划分。唤醒即个体的情感强度，是情绪由弱到强的一种变化。已有研究表明，被唤醒的情绪将比未被唤醒的情绪能够更好地激活和促进多巴胺的释放，积极情绪的唤醒和消极情绪的唤醒，均能够通过提高个体认知灵活性及认知坚韧性，进而正面促进个体创造力的提升（De Dreu，2008）。另外，除了积极情绪唤醒和消极情绪唤醒能够对创造力产生正向影响外，学者对于积极情绪唤醒进行了更为细致而深入的研究。通过诱发不同类型的积极情绪，进而验证积极情绪的诱发能够正面影响创造力，同时证明了不同类型的积极情绪唤醒对于创造力均有正向促进作用。其中，感动体验和愉快体验对创造力均有显著的正面影响，且感动体验的效果更好。

动机是个体进行创造的深层内驱力，它能够提升个体对事物直接联系的敏感程度，也能够使个体拓展自身可用资源，将有利于个体寻找更多的方式解决问题（Amabile，1983）。工作激情虽然不属于动机，但是其包含了动机成分，是深层次的动机体验。和谐型工作激情与员工创造力密切相关，当个体沉浸在自己喜欢的工作中时，其愿意投入额外的时间和精力，同时，个体能够自发控制相应投入。这一过程所滋生的工作心境能够激发自身创造力的产生和提升。强迫型工作激情容易使个体进入“工作狂”的状态，这种状态对个体而言难以自控，并且对自身心理健康也将有所损害。但是，已有研究表明，工作时间与产出往往呈现正相关。所以，强迫型工作激情与员工的创造性绩效也存在显著的正向相关性（杨仕元等，2018）。

另外，动机可以分为内在动机和外在动机。内在动机能够提升个体的认知努力程度，加深信息加工深度，进而有利于创造力的激发。内在动机能够激发个体创造力，然而，外在动机对个体创造力却存在负面影响。但是，后续的研究证明，若外部动机与高内在动机相结合，将能够提升个体的创造力。

认知风格是加工信息的习惯性方式，个体认知风格当中的知觉、思维及记忆等方面存在差异。因此，个体在发现问题、处理信息、方案产生等方面有所不同，从而使创造性存在差异。例如，基于吸收能力理论，创新思维对员工个体的创造力有正向影响。另外，价值观也是个体思维的集中体现，具备能力与成长型的员工愿意与消费者进行更多的良性互动，以获取消费者对服务品质的建议，进而提升自身的服务创造力（安彦蓉等，2019）。

当然，个体当中的其他因素对于创造性也有显著的预测作用。例如，大五人格理论当中的开放性和创造力显著相关。具有较强开放意识的个体，更容易对事物产生好奇心，也更能够搜寻和吸收新观点和新想法，进而提高自身创造力。具有前瞻性人格的员工极易主动违背规定或指令，即使是在受到组织内规章制度或管理层命令约束的情况下，依旧会主动寻求机会，并在此过程中产生新思路、新想法（江依，2018）。

第二，情境要素对创造力的影响。情境要素对创造力的影响主要可以划分为任务情境、人际情境和环境情境。

任务目标为员工努力指示了方向，表达了组织对个体行为的期望。当目标设定以后，员工个体将通过自我调整机制影响自身的任务动机。具有创造性的目标能够更好地促进员工的创造力，而并不只是专注于生产率的提高。当然，这二者之间的关系并非简单的线性关系，当组织期望或者组织目标达到一定程度后，则会出现曲线的关系，即组织的任务目标与创造力的关系初始呈单调递增的关系，进入最佳情境的拐点后，便呈现单调递减的趋势。换言之，组织任务目标对员工创造力有倒“U”形的影响（李召敏、赵曙明，2018）。

人际情境下的领导风格及领导行为与员工创造力的关系。被大量研究所证实，领导风格首先作用于员工内在动机，而后内在动机影响了员工创造力。根据自我决定论，内在动机主要需要满足三种心理需求，即自主、胜任及连接，这三种心理需求的满足可以激发员工的内在动机。例如，变革型领导主要通过领导者自身的魅力，使员工专注于组织目标进而产生归属感。同时，变革型领导也能够激发员工的自主思考，进而使员工个体自主寻找解决问题的方法，从而满足员工在自主方面的需求。而变革型领导当中的个性化关怀使领导者对员工个体进行有针对性的任务指导和设计，从而提高员工个体的知识水平，进而满足员工个体的胜任需求（Dong et al., 2017）。

此外，包容型领导、创业型领导、权威型领导、共享型领导等，各种类型的领导均与员工创造力存在正向相关关系。除领导类型、领导风格与创造力存在相关性之外，领导者的具体行为对创造力也能够产生影响。例如，领导者提供的绩效反馈方式和绩效反馈内容能够影响员工的个体创造力。领导者重视改善工作发展性反馈，能够激发下属的内在动机，进而提高其创造力。

团队成员的多样性对员工个体的创造力也存在影响。多元化的团队构成使团队成员拥有差异化的知识和视角，能够有利于激发成员的发散性思维，进而促进创意的产生（Gilson et al., 2013）。然而，由于团队成员的多样化也容易引起关系冲突，进而负面作用于创造力。另外，团队沟通能够促进知识和资源的有效整合，过多的团队信息使团队成员信息超载进而形成认知捷径，则负面作用于创造力的激发（杨付等，2012）。团队竞争则有利于提高员工的内在动机，进而激发创造力的产生。然而，若内部竞争成为一种威胁，则将负面作用于个体的创造力。

另外，对于创造力的研究并不仅局限于工作情境，即不仅限于研究领导者、团队成员与团队个体创造力之间的关系。越来越多的研究开始关注来自家人、朋友和客户等方面的非工作支持。研究证明，这些非工作性支持能够激发个体的积极情绪，对员工产生正向影响（Tang et al., 2017）。并且，这些非工作场所的支持能够使员工个体在其他情境中获得积极的情绪及动机，使之迁移至工作情境中，从而激发员工个体的创造力。

社会网络与个体创造力也存在密切的关系，社会网络的链接强度及网络内部主体之间的亲密程度、沟通频率均能够影响个体之间的创造力（Hirst et al.，2015）。因为，链接强度能够增加主体之间的信任感，进而触发隐性知识的流动，从而提升个体创造力。但是，过强的链接能够降低个体自有观点的坚持，故提高了自身信息同质的现象，所以链接强度与创造力之间呈现倒“U”形关系。此外，社会网络的结构特征也能够影响个体的创造力。个体在社会网络中拥有的声望是由其所处的社会网络位置决定的，他能够反映个体在社会网络中受欢迎的程度，即越是靠近社会网络的中心位置，其个体的网络声望越高。而网络声望则可以被视为一种隐性的资源，声望高的个体将能够得到更多的成员信任和认可，沟通也更为顺畅，这为其声望进一步提高提供了便利。并且，处于社会网络中心位置及声望高的个体更有利于在社会网络中获取知识和信息，这对该个体创造力的提升将产生极大的促进作用（吴士健等，2018）。

当然，除了任务情境、人际情境外，文化情境也能够对个体创造力产生影响。具体而言，团队氛围及组织氛围均会影响员工创造力。已有研究表明，在包容性氛围的影响下，个体能够与团队成员分享不同类型的信息和认知，进而促使已有问题的解决。该研究成果表明，包容性氛围能够使组织整合多元性员工资源，进而提升问题的解决效率。员工创造力除了能够受到团队氛围的影响外，也能够受到组织文化的影响。例如，灵活性文化，其内涵的灵活性和自由决策能够支持员工的创新和冒险，同时又有利于其适应外部环境的变化，进而能够显著提升个体的创造力。组织公正感知对员工创造力具有显著的正向影响。员工对分配公平、过程公平、人际公平等方面的感知越清晰（金星彤，2018），产生员工创造力行为就越多。

2.4 领导者与员工创造力相关研究

2.4.1 领导者与员工创造力的关系研究

在工作情境下，领导者与员工接触密切，故领导者的领导风格对员工具有示范效应，其对员工创造力的影响无法忽视。大量研究表明，授权型领导、创业型领导、魅力型领导、道德型领导、家长式领导、道德型领导、变革型领导均对下属创造力能够产生正面的作用（朱永跃、欧阳晨慧，2019；郭衍宏等，2019；刘小禹等，2018；宋小婷等，2018；卫寒阳等，2017；Ng et al.，2015）。

正面的领导风格对员工个体创造力产生积极影响，该效应主要通过激发员工的工作激情，引导员工主动且积极地投入到工作中，进而员工会自主地寻求解决问题之道。另外，在正向领导风格的影响下，员工对于工作当中所产生的失败以及惩罚，产生的焦虑比较低，进而保有更多的精力和时间去寻找解决问题的新方案。同时，正面的领导风格也容易使领导者在员工心目中成为创新典范，也将间接提升员工的工作认同感，进而在工作中效仿领导者的创新做法，最终激发员工的创造力。

然而，也有一些研究表明，积极正面的领导力也会对创造力产生负面影响。例如，变革型领导将使下属产生依赖或者增加下属的工作负荷和工作压力，进而负面作用于个体的创造力（陈亮、张小林，2014）。包容型领导的极大包容性将使员工滋生依赖动机，从而降低员工的创造力（古银华等，2017）。

负面的领导风格也能够降低员工个体的创造水平。例如，辱虐管理对员工个体的创造力将产生不同程度的损害，而且高层管理者的辱虐管理容易沿着组织层级向下侵蚀，使下级部门的管理者也产生辱虐管理，进而削弱员工个体的创造力。这种滴流效应对于组织当中各个层面个体的创造力将产生极大的破坏性作用（Liu et al.，2012）。

已有大量研究表明，在工作情境下，领导者对员工个体创造力的激发能够起到积极的促进作用。而且，随着研究的深入，学者们发现领导者与员工个体创造力之间的关系呈现出多样化和复杂化的态势。即领导者的行为和领导风格并不仅是正面或者负面作用于员工个体的创造力。在某些情境下，有些领导风格具有多面性效应。例如，变革型领导和包容型领导均同时具有正面作用及负面作用，领导力与创造力之间也并非总是简单的线性关系。

当然，单独某种领导力对下属创造力具有正面影响或是负面影响，但多种类型的领导力有时将发生互补效应或者替代效应。例如，变革型领导和交易型领导之间存在互补效应，即同时具备高水平变革型领导和高水平交易型领导行为的领导者能够极大地激发员工的创造力（任菲菲等，2014）。另外，仁慈型领导和威权型领导二者之间存在互补效应，即同时具备两种领导类型的领导者对员工创造力也存在正面影响（石冠峰等，2014）。除互补效应外，领导力之间也存在替代效应。例如，授权型领导和共享型领导力存在替代效应，而这种替代效应将削弱员工的创造力（蒿坡等，2014）。

此外，基于社会学习理论和创造力组成理论，发现了领导者创造力可以提升员工参与创新的内在动机。同时，领导者在工作中展现出来的创造性地解决问题的能力对下属也具有示范作用。因为领导者在展现创造力的过程中能够启发下属，示范下属如何在创新活动中识别、发现和解决问题，这一过程将最终激发员工的创造力（万文海、刘龙均，2019）。

2.4.2 领导者与员工创造力关系研究的理论视角

尽管对领导力与员工创造力之间关系的研究众多，切入的理论视角也较多。根据郭一蓉等（2018）的划分，可以将其划分为学习型视角、风险型视角、认同型视角和动机型视角[①]。该视角的划分主要是基于创造

① 郭一蓉，宋继文，朱丽．领导对创造力的作用机制与理论基础探讨［J］．中国人力资源开发，2018，35（8）：135-150.

力组成理论，即将创造力划分为三个关键内部要素：内在动机、知识技能和创造力投入过程（Amabile，1996）。当然，这三个要素仍需与外部环境互动方能使个体创造力极大地激发。所以，领导者与创造力之间的关系可以从内、外两个维度进行区分。故郭一蓉等对领导者与创造力之间关系的理论基础进行了以下区分：学习型视角和风险型视角主要强调的是外部影响，而认同型视角和动机型视角强调的是内部影响。

动机型视角主要关注员工个体内部的驱动力。即当员工个体具有极高的内在动机将主动地从不同视角寻找问题解决方案，并且员工对于创新结果拥有较高的自我效能感，更愿意冒险并尝试新方法，故通过提高员工内驱力便可以使领导力更好地作用于个体创造力（Liu et al.，2016）。

基于社会认同理论和角色认同理论，认同型视角关注的是员工内在定位。社会认同是个体对于所属社会群体的认同，员工对于组织认同程度越高，这将导致员工个人的微观目标与组织的宏观目标更为匹配，员工在工作中将开发出更多新途径及新方法。角色认同是个体对某一特定身份的认同感，若个体的角色认同度较高，那么，个体将会调节自身和角色之间的差异，以保持角色认知的一致性（Liden et al.，2014）。所以，员工认同也是领导者作用于员工个体创造力的一种视角。

基于社会学习理论、社会认知理论和行为可塑性理论将能够从学习型视角解答领导力与员工创造力之间的关系。社会学习理论从强化学习角度出发，个体首先能够观察他人行为，进而使自身模仿被观察者行为。所以，组织当中的领导者行为将会产生滴流效应，下属将会对原领导者的行为进行模仿。根据社会认知理论，该认知理论倡导三元交互决定论的人性假设，外部环境、过去和现在行为之间存在交互影响，而这种交互影响将作用于个体行为。行为可塑性理论指的是个体对自身的正面评价能够使其忽略外部的负面评价。故员工在解读领导行为的过程中将进行相应的学习，进而展示出相应的行为和态度。所以，领导者若展现出创新性行为，其将成为员工和下属的榜样。那么，下属的创造力水平会相对较高（Liu et al.，2012）。

基于不确定性减少理论，风险型视角能够较好地回答领导力与员工创造力之间的关系。由于员工在发挥创造力的过程中容易招致失败，如果组织或者领导者能够减少或降低下属因为失败而产生的焦虑，那么将促使其极大地发挥自身的创造力。而不确定性减少理论则主张在员工发挥创造力的过程中，若能够减少不确定性并增加其对结果的可预见性，那么，个体对创造力所产生的不确定性焦虑会降低，进而更容易提出并实施创造性的解决方案（Harris et al.，2013）。

2.4.3 追随原型及追随反原型与员工创造力的关系研究及理论视角

内隐追随是从领导者认知视角剖析领导者对于“理想员工”和“非理想员工”的认知图示，诸多学者也呼吁更多高质量的研究以对该理论进行全面分析。现有研究致力于对内隐追随后果变量的探讨，这些后果变量主要涉及了员工认知、情绪、行为等。当然，对于这些后果变量的研究也涵盖了员工创造力。

现有研究主要是从内隐追随原型对创造力的影响机制进行分析，其研究结论基本一致：领导者追随原型对创造力具有正向预测作用，而对于这一机制的作用过程及边界条件的解释则有所差异。例如，祝振兵等（2017）发现内隐追随原型通过领导支持部分中介对员工创造力的影响，领导者内部动机调节了内隐追随原型与领导者支持之间的关系，而且领导者支持的中介作用也受到领导者内部动机强弱的影响。而王弘钰和李云剑（2017）认为，内隐追随原形对创造力的影响主要通过建设性变革责任感中介，而授权型领导调节了建设性变革责任感之间的关系。Kong等（2017）发现，领导—成员交换、自我效能感及内在动机等在内隐追随原型与员工创造力之间均起到中介作用。

内隐追随与员工创造力的关系研究的理论主要包括了知识激活理论、角色理论及动机理论。基于知识激活理论，员工作为外部线索能够刺激领导者的知识结构，那么该知识结构将会被激活，而被激活的知识结构将影响领导者自身对员工的态度及判断等。而根据角色理论，领导追随原型帮助员工形成正面的自我角色定位，将会激发员工更多的正面行为，即促进员工创造行为的产生。而根据动机理论，追随原型能够激发员工产生强烈的内部动机，最终以触发员工的创造力。

现有研究中，基于内隐追随反原型视角对员工创造力的研究相对匮乏，但是现有学者呼吁从内隐追随反原型视角对员工认知、情绪及行为进行相关探讨，这也正是本书的出发点。

2.5 工作激情相关研究

2.5.1 工作激情研究的理论视角

2.5.1.1 静态研究视角

静态视角基于自我决定理论，主要以“激情二元模型”为分析基础，从和谐型激情和强迫型激情进行剖析（Vallerand et al.，2003）。

激情二元模型框架得到了广泛的实证支持，Yukhymenko-Lescroart等（2019）验证了两种激情对生活满意度和主观幸福感的预测。Lavigne等（2012）将激情的二元模型应用于工作环境，证明了和谐型激情与心理健康有关。相比之下，强迫型激情直接地预测了负面心理健康水平。

国内学者更多是将工作激情作为中间变量，验证静态视角下的“激情二元模型”。张军成等（2016）基于“激情二元模型”的中介作用，探究了时间领导对员工助人行为的影响机制。秦伟平等（2015）分析了真我型领导对员工创造力的影响，并检验和谐型工作激情和强迫型工作激情在以上关系中所起的中介作用。许黎明（2018）证明了和谐型工作激情、强迫型工作激情在伦理型领导和员工建言行为之间的中介作用。同时，该学者基于消极领导角度，深入分析了二元工作激情在领导辱虐管理与员工建言行为关系中所起的中介作用。杨仕元等（2018）检验工作激情的“光明面”“黑暗面”及其联合作用对支持感与员工创造力之间的调节效应。

通过以上文献回顾发现，基于自我决定理论的静态研究，在一个理论框架下区分了不同驱动机理产生的两种激情类型，虽然这种划分相对静态，但对工作激情的考察也较为具体和清晰。

2.5.1.2 动态研究视角

动态视角植根于自我调节理论，主要考察激情的产生、维持与消退，且以企业家为主要研究对象。

Lafrenière 等（2011）认为，具有高度外显自尊的个体为了能够使自身与情境相匹配，往往通过适应性自我调节策略，以实现与外部情境的适应，在此过程中个体更易产生激情。Collewaert 等（2016）也应用自我调节的逻辑路径分析企业家激情为何以及如何随着时间的推移日渐褪色。Birkeland 等（2015）探讨了强迫工作和不文明煽动之间的关系，并且这种关系随着时间的推移较为稳定。基于人—环境契合的观点，对于具有高度强迫型激情的员工，强迫型工作激情和不文明煽动之间的关系更强。Chen 等（2015）剖析了关于实现工作激情的隐含理论，提出了两个相互矛盾的外在观点：第一，通过找到合适的工作来实现对工作的热情；第二，激情需要随着时间的推移进行培养。而国内研究则鲜有从动态视角对工作激情进行探讨。

通过对以上文献的回顾，基于自我调节理论的动态研究视角主要贡献在于，使得工作激情的动态研究成为可能，便于深入剖析工作激情的演变。

2.5.2 工作激情的前因变量相关研究

2.5.2.1 工作激情的个体层面前因变量研究

国内外学者主要从和谐型激情和强迫型激情两个方面，以及从个体、团队和组织三个层面开展了对工作激情前因变量的探讨。

国内外学者通过研究发现，自尊、自主性、自我认同、可控性感知、目标追求及个体创业行为均对工作激情产生影响。基于自尊、自我认同维护的压力及诉求，个体相对更容易形成强迫型激情（Mageau et al.,2011）。Collewaert 等（2016）研究发现，企业家激情具有动态性，由于企业家可控性感知具有变动性，进而导致其工作激情的变化。基于监管模式理论，Bélanger 等（2015）在剖析员工追求目标实现的路径中，发现了和谐型激情和强迫型激情与员工压力和倦怠存在密切关系。Dalborg 和 Wincent（2015）剖析了创业对工作激情的影响，他们强调“拉式创业”是由于个体捕捉到了具有吸引力的商业机会，“推式创业”是由于对现有工作状态不满而被激发的创业。因此，“拉式创业”将有利于和谐型激情的产生，而“推式创业”更容易产生强迫型激情。

2.5.2.2 工作激情的团队、组织层面前因变量研究

团队层面对工作激情的影响研究主要集中于不同类型的领导对于员工个体的影响，并且该种影响存在于领导—员工交互效应中。Afsar 等（2016）通过研究发现，灵魂型领导能够激发个体工作激情，并且使个体产生亲环境行为。秦伟平和赵曙明（2015）认为，真我型领导能够提供员工个体情感性支持和工具性支持，并主要能够激发个体产生和谐型激情，同时有可能会降低强迫型激情。而组织层面对于工作激情的影响则表现为自主性支持环境。Fernet 等（2014）主张，工作自主性能激发个体产生和谐型激情，并且有效降低负面的强迫型激情。

2.5.3 工作激情的后果变量相关研究

2.5.3.1 工作激情的个体层面作用机制研究

国内外学者主要从个体、团队和组织三个层面开展了对工作激情后果变量的探讨，并且偏好从其中一个层次单独进行探究。

国外学者从个体层面验证了工作激情对个体情绪/幸福感（Yukhymenko-Lescroart & Sharma，2019）、职业倦怠（Birkeland et al.，2018）、组织认同（Kong et al.，2016）、卷入/沉浸体验（Lavigne et al.，2012）等内隐体验的作用机制，同时也证明了工作激情对生理健康（St-Louis et al.，2016）、创造力（Fang et al.，2017）、工作—家庭冲突（Houlfort et al.，2017）、反常行为（Kong et al.，2016）、粗暴行为（Birkeland et al.，2015）等外显状态与行为的影响。

国内对工作激情研究成果少于国外，但也集中于对其后果变量的分析（许黎明，2018），且主要使用激情二元模型对个体层次因素进行预测。例如，李力和封玫（2017）、许科等（2013）通过研究发现，激情二元模

型与职业倦怠、谏言行为等具有相关性。工作激情对于职业倦怠的影响需要经过冲突及工作满意度等发生作用。强迫型激情更容易触发工作冲突，降低工作满意度，从而引发职业倦怠；和谐型激情则能够预防工作冲突，提升工作满意度，最终减小职业倦怠发生的概率。

此外，由于创造力议题研究热度不断上升，部分学者集中剖析工作激情与创造力的关系（宋亚辉等，2015）。汪国银等（2017）基于自我认知视角探讨了工作激情对员工创造力的正向影响。杨仕元等（2018）基于自我决定理论和人—环境互动理论，构建了二元工作激情、员工创造力以及人—组织匹配交互联合调节模型，回答了二元工作激情及其交互作用对员工创造力的直接影响和边界条件。

综上，工作激情作用于个体层面的研究成果相对丰硕，且基本能够得出相对一致的结论：和谐型激情能够预测工作情境中的积极变量，而强迫型激情则与工作情境中的消极变量正相关。

2.5.3.2 工作激情的团队、组织层面作用机制研究

国外学者从团队层面证实了工作激情与团队目标设置、人际关系维护、表露与感染的相关性。

Thorgren 和 Wincent（2013）研究发现，领导者和谐型与强迫型工作激情能够加速团队目标设置。Jowett（2012）认为和谐型激情能够预测适应性人际关系维护。Cremer 等（2010）研究证明，基于团队层面，领导者工作激情具有感染效果，能够使下属更具工作激情；基于组织层面，工作激情对投资决策、组织创新行为、组织绩效有正向影响。Chen 等（2009）研究发现，在商业计划展示过程中，描述认知的“准备状态激情”对风险投资决策有显著影响，并认为工作激情将导致创新努力行为。Indriasari（2018）发现审计员工作激情有助于提升个人业绩，而个人绩效能够促进组织绩效。然而，国内鲜有对团队和组织层面工作激情的研究。

工作激情对团队层面、组织层面变量的影响研究相对较少，由于跨层研究作用机理较复杂，但能够更全面地剖析工作激情，故此类研究存在较大空间。

2.6　社会自我效能感相关研究

2.6.1　社会自我效能感前因变量的研究

Bandura（1997）提出的自我效能感理论一直是心理学研究中的热点问题，而社会自我效能感则成为自我效能感的特殊形态。社会自我效能感是影响个体人际互动的重要心理要素之一，逐渐受到国内外研究者的关注。

现有对社会自我效能感的研究较为广泛，学者对社会自我效能感前因的变量研究比较多样，也较为分散，且未成体系。但已有研究表明，个人特质、疾病与生命意义感能够预测个体的社会自我效能感。

个人特质中的人格特质、性别及自尊能够影响个体的社会自我效能感。现有研究表明，五大人格当中的外倾性、开放性、尽责性能够显著影响自我效能感。例如，在对留学生人格特质和社会自我效能感的关系研究中，发现了在同文化的情境下，外向性与尽责性能够正向影响社会自我效能感。而在异文化的情况下，开放性则能够显著正向预测个体的社会自我效能感。除人格特质外，性别也与社会自我效能感存在相关性。现有研究表明，工具性特质能够影响社会自我效能感，这间接表明男性这一维度可能与社会自我效能感的相关性要高于女性。学者同时对自尊与社会自我效能感的关系也进行了探究，以留美的中国留学生为研究对象，证明了自尊能够有效预测社会自我效能感。

疾病对个体自我效能感也有明显的影响，但该种影响存在正负两种可能。例如，Foster 和 Rebecca（2014）以曾经在儿童期患有癌症但幸存的青少年为研究对象，对该类青少年乐观、感知健康脆弱性、学业、自我调节和社会自我效能感之间的关系进行了探讨，研究发现，与之前没有癌症病史的青少年样本相比，幸存者报告了相似的学业水平、更高的自我调节和更低的社会自我效能感。说明疾病能够降低患者的社会自我效能感。然而，Smorti（2015）对骨癌治疗后青少年对未来期望、恢复能力及社会自我效能感进行了研究，要求32名具有骨癌经历的青少年和48名在规范样本中选择的青少年填写关于未来期望、自我恢复力、社会自我效能感的调查问卷、结果表明，与标准样本相比，患有癌症经历的青少年对未来抱有更乐观的期望及社会自我效能感。但是，研究者认为，在骨癌治疗后的一段时间内，患者对未来的积极预期可能表达一种不切实际的乐观态度，而不是正确的评价。

此外，研究者还对生命意义感与个体社会自我效能感的关系进行了剖析。何浩和潘彦谷（2017）对生命意义感与中学生社会自我效能感的关系进行了研究，发现中学生的生命意义感高的个体，其社会自我效能感更高。而且，独生子女的社会自我效能感高于非独生子女。

2.6.2 社会自我效能感后果变量的研究

与社会自我效能感的前因变量研究相比，其后果变量的探讨则更为广泛，研究对象主要集中于青少年与工作情境下的员工。研究成果表明，青少年的认知、情绪、适应、学业成绩、运动能力及工作情境下的工作倦怠、工作满意度、主观幸福感、工作绩效、职业决策及社交能力均与个体社会自我效能感有关。

社会自我效能感能够影响个体认知。在对早期青少年物质使用危害认识和社会自我效能的关系研究中（Zullig & Valois，2016），研究人员分析了公立中学早期青少年样本中物质使用伤害认知与社会自我效能感之间的关系。在控制了等级、性别、种族和社会经济状况的影响后，评估了烟草、酒精、大麻和可卡因使用伤害感知与社会自我效能感的关系。结果表明，个体对每种被检物质对伤害的较低认知与较低的社会自我效能感显著相关。因此，研究建议加强早期青少年的社会自我效能感，这可能对有害物质使用具有有效的干预效果。可见，若个体的社会自我效能感较低，将降低对有害物质使用危害的认知水平。

众多研究者也探讨了社会自我效能感对情绪的影响，而这些情绪主要包含了抑郁、焦虑等负面情绪。例如，在对青少年感知社会自我效能感与抑郁情绪的关系研究中，Ahmad（2014）等以216名青少年学生作为研究对象，其中120名男性和96名女性。该研究对象是从巴基斯坦卡拉奇的不同教育机构中随机抽取，参与者的年龄为16~19岁，研究发现，社会自我效能感能够负向预测青少年的抑郁症。另外，学者也对大学生社交自我效能感与抑郁、焦虑、压力的关系进行了剖析。此项研究调查了性别、社会自我效能感差异、抑郁、焦虑和压力，并检查了573名学生的社会自我效能感（51.3%女性，48.7%男性）与自身抑郁水平、焦虑程度及压力之间的关系。研究发现，社会自我效能感与抑郁和焦虑之间存在负相关关系，压力对女性的影响要强于男性。此外，Bandura（1986）、Smith（2000）和Fan等（2012）致力于社会自我效能感研究的早期学者也证实了社会自我效能感与焦虑、抑郁等情绪不易共存。总之，关于社会自我效能感能够降低个体焦虑、抑郁等情绪的结论在众多研究中均得到了验证。

学者也审视了国际背景下社会自我效能感与留学生自身成长主动性的关系。留学生跨文化转型经历被视为学生学习的一种高影响力实践。国际学生在遇到新的人和环境时，难免遭遇挑战和触碰成长机会。故在超越了人口统计学和语言学因素的情况下，Elif等（2017）研究调查了社会自我效能感作为国际学生个人成长主动性的预测指标，研究表明，无论学生的语言能力如何，成功地谈判并产生积极的社交互动感知能力预示着更大的个人成长主动性。实际上，这也间接证实了高社会自我效能感个体的文化适应应激水平和异文化压力较低，即社会自我效能感与社会适应、学业适应等密切相关。

社会自我效能感对学业也能够产生积极影响。Dunbar（2016）研究证实了当学生被视为一个同质群体时，社会自我效能感对学习能够产生积极影响。这项定量和纵向研究使用调查问卷来探索社会自我效能感和领导地位对不同学业表现水平的影响。分析显示，性别或种族与学业成绩之间没有关系。然而，结果证实社会自我效能感与成绩之间存在正相关关系，并且领导者的社会自我效能感高于追随者。结果还表明社会自我效能感在领导者方面有所改善，但没有证据表明追随者有此类改善。我们得出结论，在协作学习环境中，高社会自我效能感和领导力能够有效预测高水平的学生成绩。由此表明，社会自我效能感能够提升学业成绩，当然，也间接说明领导者身份能够提升个体的社会自我效能感。

社会自我效能感被证实对身体活动也可以产生影响。Alemdag（2018）做了一项跨文化比较，这项跨文化研究揭示了土耳其和英格兰体育科学学生之间的运动行为与感知社会自我效能感之间存在相关性。在两个国家的学生之间，社会自我效能感对运动行为的影响较为显著，土耳其的体育科学学生比英国的体育科学学生有更多的社会自我效能感。此外，发现土耳其和英格兰之间的运动行为存在显著差异，生活在英国的体育科学学生比生活在土耳其的体育科学学生的体力活动更多一些。这一结果可以解释社会自我效能感能够激发更多的身体活动。

在工作情境下，社会自我效能感能够有效预测工作倦怠、工作满意度、主观幸福感、工作绩效、职业决策及社交能力。社会自我效能感对组织长期成功具有重要贡献，它已成为组织中一些正面变量的重要前因。郑晓旭等（2019）基于社会交换理论，发现了社会自我效能感对工作倦怠有显著的负向预测作用，也被证实能够影响员工的工作满意度。袁亚忠和侯辉（2010）解释了社会自我效能感对员工工作满意度具有正向影响。刘书言（2017）从社交接纳的视角剖析证明了社会自我效能感能够预测主观幸福感和工作绩效。社会自我效能感与个体的职业决策密切相关。Smith 和 Betz（2000）发现，社会自我效能感能够有效降低职业决策困难，社会自我效能感高的个体，其择业过程更加成熟。此外，社会自我效能感也能够显著提升自身的社交能力。由于高水平社会自我效能感的个体对于从社交活动中获取回报保有较高水平的信心，故其人际交往动机较强，其社交能力进而被提升。

2.6.3 社会自我效能感作为中间变量的相关研究

学者们除对社会自我效能感的前因变量和后果变量进行探讨外，还尝试将其作为中间变量解释一些相关问题。

现有研究证明了社会自我效能感在学术潜在信念、社会排斥与生活满意度之间的中介作用。例如，Akin 等（2016）研究了社会自我效能感对学术潜在信念与感受和生活满意度之间关系的中介作用。他以 332 名大学生为研究对象，大学生完成了学业潜在信念量表、情感量表、认知和行为社会自我效能量表以及对生活满意度的量表。研究结果显示，一方面社会自我效能感和生活满意度可以被学术潜在的信念和感受所积极预测。另一方面社会自我效能可以预测生活满意度。此外，学术潜在信念与感受和生活满意度之间的关联完全由社会自我效能感中介。这些研究结果共同阐明了学术潜在信念和感受与生活满意度相关联的社会过程及社会自我效能感在其中的中介作用。

在社会排斥对生活满意度的影响研究中，社会自我效能感与社会支持的中介作用也得到了验证（陈建等，2018）。通过对国内某地区共 174 名流动人口的多时间点问卷调查，考察了社会排斥对外地人生活满意度的影响，并探讨了社会自我效能感的中介作用和社会支持的调节作用。研究结果表明了社会排斥对生活满意度有负向影响，即社会排斥通过负向影响社会自我效能感进而降低生活满意度。

另外，学者发现社会自我效能感也可以作为调节变量解释一些问题。Field 等（2014）在对宜人性、社会自我效能感和冲突解决策略的关系研究中，考察了宜人性和社会自我效能感作为正面（妥协、谈判）冲突解决策略和消极（攻击、权力主张）冲突解决策略的预测因子。参与者完成了自我报告的宜人性和社会自我效能感测量。研究结果表明，社会自我效能感显著地调节了宜人性与消极冲突解决策略之间的关系，但它并不适用于积极的解决策略。

Raskauskas 和 Rubiano（2015）探讨了社会自我效能感和自尊是否会缓和同伴受害与学业成绩之间的关系。研究发现，被同龄人侵害与学习成绩低下的关系和学生内化问题有关。尽管如此，并非所有遭遇同伴受害的学生都会降低表现。故该研究考察了同伴受害与学业表现之间关系中自尊和社会自我效能感的潜在保护性。231 名中学生参加了实验，学校报告了学业成绩，学生完成了自我报告问卷。社会自我效能感和自尊具有帮助学业和情感恢复方面的能力。最终研究结果表明，社会自我效能感和自尊的相互作用可以缓和同伴受害与学业表现之间的关系。社会自我效能感高于平均水平的个体表现出了同伴受害和抑郁程度较低的关系，且其学习成绩较好。

社会自我效能感在社会排斥与生活满意度之间能够起到调节作用。在脑损伤的症状严重程度和生活满意度之间的关系中，社会自我效能感也起到调节作用（Ditchman et al.，2017）。为了检查社会自我效能感和残疾接受度对脑损伤患者症状严重程度与生活满意度之间关系的影响，测试了105名成年后天性脑损伤患者的生活满意度，并构建了双重调节模型。结果表明，社会自我效能感和残疾接受度充分调节了症状严重程度与生活满意度之间的关系，双重调解模型得到了支持。

2.7 研究评述及本书探索方向

员工创造力的形成机制具有多元性，领导者在其中占有重要地位（雷星晖等，2015；古银华等，2017）。在现有研究中，主要从领导者特质、领导者行为和领导者—追随者关系视角来探讨领导者对追随者创造力的影响（Basu & Green，1997；Teresa et al.，2012；Liu et al.，2013）。少数学者开始从领导者认知视角，使用内隐追随理论从追随原型方面探究领导者对追随者创造力的影响（Kong et al.，2016，2017）。

然而，在对内隐追随理论的研究中，已有研究着重关注领导者追随原型所产生的影响（Duong，2012；Whiteley et al.；2012；Sy，2010；孔茗、钱小军，2015；彭坚等，2016；祝振兵等，2017），国内学者鲜有对领导者追随反原型的后果变量进行探究。若忽略该视角的探讨，将很难完整地描述内隐追随理论的全貌。这是因为，现有学者已从双视角构建内隐追随理论框架。Sy（2010）从追随原型和追随反原型两个维度建构该理论框架，Junker等（2016）从“理想追随者”和“非理想追随者”探析内隐追随理论框架，而这些理论框架仍需实证研究加以验证。并且，国内学者呼吁从追随反原型视角研究该理论（杨红玲、彭坚，

2015），故本书将从追随反原型视角展开其对新生代员工创造力的影响研究，以与现有追随原型对员工创造力的影响研究形成完整视角共同解读创造力，这也是对内隐追随理论研究的有益补充。

近年来，学界对工作激情关注度不断提升，因为它在解释组织情境中的一些现象时，比幸福感、卷入度等构念具有更好的解释力（蒋昀洁等，2017）。同样，已有研究表明，它对创造力的剖析也提供了更可信的解释（张剑等，2014）。此外，激情包含了三个方面：情感（对行为强烈偏好）、认知（体验到个体价值和意义）和行为（投入更多时间和精力）。而领导者追随反原型主要从情感、认知及行为方面影响员工创造力。所以，本书将工作激情引入并作为中介变量。根据资源保存理论，追随者面对领导者追随反原型，其心理压力增加，心理资源流失（Jiang et al.，2014），个体内部资源平衡被破坏。这对追随者工作态度及积极情绪产生负面影响（Duong，2012），并最终影响个体工作激情。由此可以推断，领导者追随反原型与工作激情可能相关。因此，本书尝试探讨工作激情在领导者追随反原型与追随者创造力之间的中介机制。

社会自我效能感是社交情境中特殊的自我效能感，是个体对自己社交能力的主观信念，它能够对负面情绪起到一定的缓冲作用，是影响人际互动质量的重要因素之一（Smith & Betz，2000）。本书探讨领导者追随反原型对新生代员工的影响，实际上是在剖析领导者与员工的人际互动问题，所以可以尝试将社会自我效能感引入本书的研究。另外，追随者面对领导者追随反原型给自身带来的心理负担，社会自我效能感能够提升追随者个体的自我调节能力，调动其能动性和应对性，降低不适应性（Fan et al.，2013），以减少领导者追随反原型对追随者工作激情的削弱。由此可以推断，社会自我效能感能够起到积极补给心理资源的作用，缓解由领导者追随反原型所带来的压力，因此，将检验社会自我效能感在领导者追随反原型与新生代员工工作激情之间的调节作用。

综上，本书将从资源保存理论及组织支持理论视角，探索领导者追随反原型作用于新生代员工创造力的机制，并主要关注两个问题：第一，探讨工作激情在领导者追随反原型与新生代员工创造力间的中介作用，揭示领导者追随反原型作用的一个“黑箱”。第二，考查社会自我效能感在领导者追随反原型与工作激情之间的调节作用，明确中介作用的边界。

2.8 本章小结

本章的主要研究目的在于对新生代员工、领导者追随反原型、创造力、工作激情和社会自我效能感的已有定义进行回顾，然后选定本书所使用的定义。同时，对追随反原型、创造力、工作激情和社会自我效能感及领导力与员工创造力的相关研究进行梳理，发现现有研究的不足，并提出本书的研究方向。本章主要得出以下结论：

（1）新生代员工定义选取基于1980年作为划分时点的定义；领导者追随反原型选取Sy（2010）提出的定义；创造力选择基于结果观的定义（Anderson，2014）；工作激情选取Vallerand等（2003）提出的定义；社会自我效能感选取Fan等（2013）所界定的含义。

（2）现有研究不足：在对内隐追随理论的研究中，已有研究着重关注领导者追随原型所产生的影响（Duong，2012；Whiteley et al.；2012；Sy，2010；孔茗、钱小军，2015；彭坚等，2016；祝振兵等，2017），国内学者鲜有对领导者追随反原型的后果变量进行探究。若忽略该视角的探讨，将很难完整地描述内隐追随理论的全貌。故本书将从追随反原型视角展开其对新生代员工创造力的影响研究，以与现有追随原型对员工创造力的影响研究形成完整视角共同解读创造力。

（3）本书的研究方向：从资源保存理论及组织支持理论视角，探索领导者追随反原型作用于新生代员工创造力的机制，并主要关注两个问题：第一，探讨工作激情在领导者追随反原型与新生代员工创造力间的中介作用，揭示领导者追随反原型作用的一个“黑箱”。第二，考查社会自我效能感在领导者追随反原型与工作激情之间的调节作用，明确中介作用的边界。

第 3 章

理论基础

3.1　资源保存理论

3.1.1　资源保存理论的内涵

资源保存理论是基于对压力进行研究所提出的一个新理论，它主要是从个体资源得失的视角解答个体的压力问题。实际上，关于压力的研究最初始于物理学领域，由 Canno（1932）引入人类学的研究领域，其研究主要停留于生理层面。

Selye（1950）提出了 GAS（General Adaptation Syndrome）模型。但是，该研究模型并未解释压力产生的来源，所以，学者开始重点研究压力源问题。该阶段的研究主要可以分为三个流派：刺激学派、反应学派及刺激反应学派。尤其是在刺激反应学派当中，学者们先后开发了多个研究模型。其中，人—环境平衡模型最具代表性。

然而，Hobfoll 等（1989）对人—环境平衡模型仍旧提出了质疑，并在 *American Psycholosist* 发表了题为 *Conversation of resources：A new attempt at conceptualizing stress* 的文章，此文中正式提出了资源保存理论。Hobfoll（2001）等在 *Applied Psychology* 发表了题为 *The influence of culture, community, and the nested-self in the stress process：Advancing conservation of resources theory* 的文章，对资源保存理论进行了进一步的深化研究。

此外，Lazarus 和 Halbesleben 等对资源保存理论进行了新阐述。同时，Hobfoll 持续对资源保存理论进行探讨与剖析，与其他学者于 2018 年联合撰写文章 *Annual Review of Organizational Psychology and Organizational Behavior*，该文章对资源保存理论进行了综述，并提出了未来的研究展望。

资源保存理论主张，个体总是竭力地维持、保护和获取宝贵的资源，若这些资源遭受损失将会对该个体产生危害。个体面对已有资源实际发生损耗时，能够产生压力。而个体资源尚未发生实际损害时，若个体感受到自身资源有可能将遭受损害，则相应也会产生压力。由于资源保存理论不仅认为个体会努力维持及保护资源，同时也会获取资源以应对未来压力。那么，个体若在投入个人努力以后，但却未获得实际资源增加，个体也会感受到压力。据此推论，个体在资源维持、保护及获取环节均能够引发个体产生压力。同时，个体实际资源遭受损害及感知可能遭受损害均会引发个体压力。

由此表明，“资源”是该理论中的核心要素。Hobfoll（1989）将该理论当中的资源定义为，个体认为有价值的东西或者是获得这些有价值东西的方式。这些资源可以分为四类：第一类是物质性资源，该类资源是个体抗压能力的重要资源，且该类资源与个体的社会经济地位密切相关，如住房等。第二类是条件性资源，该类资源能够为个体获得关键性资源提供条件，条件性资源是个体抗压潜能的重要资源，如权力等。第三类是人格特质，它是决定个体抗压能力的内在因素，特别是积极的人格特质将对个体抵抗压力提供重要基础，如自我效能感等。第四类是能源性资源，是个体获得其他三种资源的协助性资源，如时间等。拥有该四类资源越多的个体将越不容易遭到资源损失，并且将赋予自身更多能力以获取更多资源。

另外，个体首先要对已有的资源进行自我保护，尤其是当个体的资源遭到损耗时，个体将积极采取行动以遏制资源的流失。但是，当个体所面临压力较小时，个体将会努力获取更多资源，并且努力创造资源盈余，以抵御未来可能面临的资源损耗。

此外，Hobfoll（2014）等再次对资源保存理论中的“资源”提出了新阐述，此次定义及分类并非对原有定义进行补充，而是从全新的角度——“动机”视角对其进行重新界定。“资源”被认为是能够帮助个体实现目标的事物，而该事物又并非实际有助于目标实现，而是个体从感知层面认为其能够助力目标转变为现实。

据此，Hobfoll（2014）等对“资源”进行重新区分，认为其包括普适性路径下的资源及特异性路径下的资源。前者为个体对资源的认定取决于其所处的文化，即在个体身处文化下，能够被绝大多数个体认为有价值的事物，如美满的家庭及健康的身体。而后者则聚焦于具体情境，即在当下情境下，若某种资源有助于目标实现，即使在普适价值观下其可能为无用，但该种资源仍可被视为资源；反之亦然。

3.1.2　资源保存理论的基本观点

Halbeslesen 等（2014）将资源保存理论归结为两个原则和四条推论，Hobfoll 等（2018）在对资源保存理论修订后，将其归纳为一个假设、五个原则[①]。

资源保存理论的基本假设是，每个个体均将努力获得资源、培育资源并保护自身所拥有的资源。而个体努力获得、培育和保护自身资源的动力，则来自人类适应环境及保证生存的基本需求。人类使用自身所拥有的资源主要是将其应用于应对环境当中的压力。为了应对未来压力，个体将通过资源投资的方式以获取更多的新资源。

基于资源保存理论的基本建设，衍生出了五个基本原则：损失优先、资源投资、获得悖论、资源绝境以及资源车队和通道。

（1）损失优先。损失优先强调的是，与资源获得相比较，个体资源的损失将对个体产生的影响更大。该原则主要通过解释个体在工作过程中遭遇资源损失时可能会产生压力反应。因此，该原则强调个体在资源损失之前，将采取相应行动以避免资源损失的发生。

① 李超平，徐世勇. 管理与组织研究常用的60个理论［M］. 北京：北京大学出版社，2019：76-78.

（2）资源投资。个体不仅关注自身的现有资源，也将努力不断通过资源投资以保存现有资源避免遭到损害，同时竭力获取新资源。资源投资这一原则主要应用于个体应对压力的相关研究，即个体应对压力的主要方式则是基于资源投资来避免已有资源损失。

（3）获得悖论。获得悖论主张个体遭遇资源损失后，资源的补给将对个体产生更深远的影响。而对于拥有较少资源的个体，新资源的注入将会实现更优的补给作用或抵御资源损失的作用。

（4）资源绝境。当个体的资源面临耗竭时，个体将产生防御机制，而这些防御机制可能包括一些攻击性和非理性行为，当然此类行为将产生相应负面作用，但是也可能会引发新的压力应对策略，进而起到一定的积极作用。

（5）资源车队和通道。个体同时拥有多元化的资源，类似于道路上的车队，而这些车队所代表的资源既有内在联系，又能够产生相互作用。资源存在于特定的生态环境中，该环境被喻为通道。而通道既有助于资源的培育，当然也可能对资源产生限制和阻碍。

3.1.3　资源保存理论的应用

现有研究主要将资源保存理论应用于工作情境下的压力问题研究。资源保存理论主要有两个构面：一个是需求层面，另一个是供给层面。需求层面主要是指工作对于个体的需求，而供给层面则主要指的是在工作情境下对个体的资源供给。当需求和供给之间发生不平衡时，将会使个体产生压力、工作倦怠、绩效水平变化等问题。换言之，当个体投入了大量的资源以应对工作需求时，所投入资源并未完全满足工作需求，且产生较小的工作回报，那么，将会产生一些负面结果。反之，当个体所投入或获得的资源能够满足工作需求时，将能够对压力等因素起到缓解作用。

第一，从需求视角进行分析。从工作需求的视角分析，主要关注工作需求所导致的个体资源损耗。员工个体在应对工作需求过程中，当面对组织情境中的不良环境因素，以及不恰当的管理方式时，这些因素皆会引起个体资源的失衡。当个体资源平衡被破坏后，则更易滋生工作压力、工作倦怠、情绪耗竭等问题（张莉等，2013）。换言之，为了满足工作对个体资源的需求，员工不得不消耗自身内在资源以进行情绪调节。而个体情绪调节失败后，也会导致个体工作倦怠的滋生（程红玲、陈维政，2010）。另外，工作倦怠等因素也能够影响个体的工作绩效。

第二，从工作资源供给的角度进行分析。该视角主要应用资源保存理论解释员工压力应对等问题。资源的供给可以分为个体特征资源的供给和组织的支持性资源供给。个体资源能够有效缓解个体应对压力。现有研究表明，积极的情感与情绪耗竭存在负相关关系。个体的资源性特征与工作倦怠存在相关关系。以上可以表明，积极情绪及个体资源性特征均可以有效弥补个体资源损耗。另外，心理资本、心理幸福感等亦可有效弥补个体资源损耗，进而增强个体抗压能力，从而降低个体的情绪损耗。实际上，正面的个体特征能够作为一种自有资源，帮助个体去应对压力和倦怠等问题。

资源保存理论的工作资源供给角度可以通过个体特征资源来加以说明，也可以通过组织的支持性资源进行解释。组织知识性资源是对员工个体具有价值性的社会资源，可以使员工个体建立对组织的高承诺和高依赖，也可以使个体感受到自己的投入能够从组织当中得到补给或者回报，进而增强继续投入的动力，从而增强自身的积极工作态度和绩效行为。若个体在组织当中无法获得组织的支持性资源，那么，个体将会收回并保存自己有价值性的资源，减少个体自身的工作投入。

不论是个体资源的投入或是组织资源的投入，皆可以使用资源保存理论所提出的两个螺旋效应（丧失螺旋效应和增值螺旋效应）进行解释。丧失螺旋是指个体难以避免因资源受损所带来的压力，而且也将随之导致保护性资源的投入减少，进而进一步加速资源的损失。而增值螺旋指的是个体拥有资源，而且这些资源将会使个体获得更多的有价值性资源，进而实现资源增量的增加。所以，个体有效的特征资源和组织的支持性资源将使个体产生增值螺旋，降低陷入丧失螺旋的可能性，从而使个体的正向行为更多。

3.2 组织支持理论

3.2.1 组织支持理论的基础

组织支持理论相关思想最早出现于1913年Hugo Munsterberg的《心理学与工业效率》一书中，书中指出在管理过程中，应该关注个体的心理规律、相关感受和多元需求。

组织支持理论产生的理论基础是社会交换理论和互惠原则。社会交换理论的主要观点是个体会在获得回报的预期之下，与他人进行并维持交换关系，这种交换关系具有双边性。并且，该理论假设个体是为了实现自己无法达到的目标，而与他人进行交换，但是一旦双方意识到，这种交换并不是互惠互利，那么该交换将被停止。所以，社会交换理论强调个体与个体之间的交换主要是自身利益最大化（Bandura & Kupers，1964）。

根据社会交换理论，人和人之间的关系本质上是一种交换关系。当然，该种交换关系既包含了物质交换，也包含了非物质交换。因此，交换的资源既可以是经济资源（金钱、信息、咨询服务等），也可以是社会资源（社会认可、问候、友谊等）（Blau，1968）。虽然社会交换包括了经济资源，但是社会交换并不等同于经济交换。因为经济交换往往基于等价交换，倾向于短期交换，且收益清晰。但是，社会交换更多基于长期的关系，即交换双方的相互信任（Blau，1964），且此种交换的收益也不明确。

互惠原则强调的是对他人的偿还，它是社会交换理论的重要原则之一。互惠原则强调的是，人和人之间关系的起点在于互相优待对方，并且个体会做出积极回应，即报答给予自身帮助的个体。个体实际上均会怀有报恩心理，即愿意回报曾经帮助过自身的他人。当这种互惠行为不断增加时，也将会使彼此的交换关系进一步加强。

当然，“互惠”包括了广义互惠（未明确偿还期、非等价交换、低自利性）、平衡互惠（明确偿还期、等价交换、中等自利性）及消极互惠（明确偿还期、等价交换、高自利性）（Sahlins，1972）。在组织行为学当中，员工个体为了获得经济利益、社会性报酬而为组织进行工作。当员工个体感受到组织对自身的关心，根据互惠原则，其将会对组织给予更多的积极回馈。

组织支持理论也同时应用了组织拟人化的思想。Levinson（1965）提出了组织拟人化思想，即组织也是一个有生命的机构。在组织中，当员工个体与领导者互动时，员工将其理解为自身也在组织互动，这是由于员工将管理者视为组织的代理人，将管理者的行动理解为组织意图。在组织内部，员工个体与有人类特点的组织之间产生相应关系，而组织的管理者则被视为组织的代理人，员工个体会将代理人的行动理解为组织的行动意图。员工会将管理者对他们所采取的相关措施，作为自身判断组织是否重视自己，以及是否关心自己的评判标准。而管理者所采取的措施可以包括支持性的或者非支持性的措施，因此，员工相应能够得到组织是否关心自身的结论。

3.2.2 组织支持理论的内涵

组织支持理论是基于社会交换理论、互惠原则及组织拟人化思想而产生。Bigger 等（1986）首次提出了组织支持理论，并且其在后续国际著名的心理学、管理学等顶级期刊发表了与组织支持理论相关研究的文献 100 余篇。组织支持理论强调，当员工对组织做出贡献时，员工能够综合感受到组织是否关心他们切身福利。换言之，组织支持理论是指员工主观感受到的组织给予自身的支持程度。

组织支持理论被研究的同一时期，也提出了组织支持感受这一相关概念。这一概念主要包括两个方面：一是指员工对组织是否重视其贡献的感知；二是指员工对组织是否关注其福利的感知。如果员工能够感受到组织对自身的支持，那么员工的社会情感需求将得到满足，员工的工作投入度相继提升，以偿还组织给予的支持。与此同时，为了实现组织的目标，个体也将做出更多的努力。

由此表明，组织支持理论克服了以往研究当中，只是关注了员工对组织的承诺，但却忽略了组织对员工的承诺。这是由于，单方面过于强调员工对于组织的承诺，无法使企业达到理想的绩效水平。企业若关心员工的福利，对员工所做的贡献进行公平的评价，那么，员工便会努力回报组织，以兼顾自身目标与组织目标。

Eisenberger（1986）指出，组织支持感主要强调情感性的支持，当员工遭遇到较大的压力时，通常能够给员工提供情感上的支持。然而，随着研究的丰富，学者逐渐发现，只强调情感性支持的组织支持理论并不能完全描述组织支持理论的全貌，也不利于学者对组织支持理论的概念、结构、前因变量等进行探索。

McMillin（1997）对 Eisenberger 的观点进行了补充，他强调已有对于组织支持理论的表述仅仅涵盖了情感性支持（亲密性支持和尊重支持），并未提及其他类别的支持。例如，组织支持理论应该涵盖工具性支持（设备、工具、信息资源等），并且这些工具性支持是员工完成工作的必要条件。所以，如果忽视了工具性支持，员工则难以完成工作，其无法向组织提供自身的贡献，当然也就无法感知组织对自身贡献的重视。所以，该学者提出了一个组织支持的整合模型，该整合模型认为组织支持包括工具性支持和社会性支持，工具性支持能够帮助员工开展工作，而情感性支持能够满足员工的心理需求。

后期，不同学者也提出了不同的关于组织支持感维度的观点。例如，将组织支持感区划分为与工作相关的因素和与关系相关的因素（Muse & Stamper，2007）、聚焦任务的组织支持和聚焦个人的组织支持（Asya & Pazy，2011）、情感性的支持和与职业相关的工作支持（Rousseaa & Tijoriwala，1998）等。另外，学者对于组织支持感的维度进行了不断的深究，发现组织支持感也可以分为感知适应性支持、经济性支持和感知事业心支持（Kraimer & Wayne，2004）。当然，也可以根据支持的来源不同，将组织支持分为管理者支持（高层管理者、中层管理者、基层管理者）、同事之间支持和行政管理人员的支持（Chong et al.，2001）。

3.2.3 组织支持理论的应用

组织支持感的强弱与组织的人力资源管理措施、组织和员工的关系、组织当中的公平性、自主性以及组织和员工本身的特征密切相关。

人力资源管理中的培训、晋升、薪酬、授权、角色压力等方面的措施，将影响员工的组织支持感的感知。组织员工关系当中的各级代理人支持、领导—成员交换、个人与组织匹配程度、上级反馈、组织氛围等方面，均将影响员工感知到的组织支持感、程序公平、分配公平、互动公平，进而影响员工对组织支持感的感知。此外，组织特征当中的组织代理人身份地位、组织性质、组织规模以及租金方式等均能够影响员工的组织支持感。员工个体的集体主义程度、人格特点、责任感强弱、交换意识强弱等，也能够影响自身的组织支持感。而员工组织支持感能够影响员工的主观态度及客观行为绩效。员工当感到较高的组织支持感后，会产生更高的承诺，将提升自身对组织的情感依赖。另外，员工会产生回馈组织的意愿。根据互惠原则，将通过高水平的关系绩效和工作绩效来回报组织，产生更高水平的组织公民行为。同时，基于互惠原则，组织支持感将提升员工的责任意识和回报意识，并且使自身愿意做出长期的贡献，使其留职意愿增加。

3.3 理论的适用性

本书的主要目的在于探究领导者追随反原型对新生代员工创造力的影响，可以选择多种理论对二者之间的关系进行解读。但是，由于本书试图以工作激情为中介变量和社会自我效能感为调节变量来剖析领导者追随反原型对新生代员工创造力的影响机制，且本书的研究重点之一是检验中介及调节机制的作用，围绕资源保存理论和组织支持理论以支持这一作用机制。出于此目的，对应工作激情变量，主要使用组织支持理论作为理论基础，兼用资源保存理论。对应社会自我效能感变量，主要使用资源保存理论作为理论基础，兼用组织支持理论。

针对本书的研究，资源保存理论或者是组织支持理论均可以解释领导者追随反原型和新生代员工创造力之间的关系，但是兼用两种理论，便于从领导者及追随者两个视角解释该问题。具体而言，使用资源保存理论，可以从追随者角度说明员工的心理资源在领导者追随反原型作用下被削弱，进而降低其创造力；使用组织支持理论，可以从领导者角度说明在领导者追随反原型的作用下，追随者未得到情感性支持，进而损害其创造力。因此，同时使用资源保存理论和组织支持理论，将更为全面地解答本研究的主效应。

因而，本书的目标和研究内容决定了本书需要综合使用两种理论视角，来审视领导者追随反原型对新生代员工的影响，以及工作激情和社会自我效能感在领导者追随反原型对新生代员工创造力的影响中所起的作用。

3.4 本章小结

本章的主要研究目的在于，为本书的研究确定合适的理论研究基础。所以，本章对资源保存理论的内涵、基本观点及应用进行了梳理，也对组织支持理论的理论基础、内涵及应用进行了回顾。基于两种理论的核心内涵，结合本书的具体研究议题，论述了两种理论的适用性，并确认了本书的理论基础。本章得出的主要结论包括：

（1）将资源保存理论和组织支持理论设定为本书的理论基础。

（2）以组织支持理论为主，以资源保存理论为辅，以解释工作激情在领导者追随反原型与新生代员工创造力之间的中介作用。以资源保存理论为主，以组织支持理论为辅，以解释社会自我效能感在领导者追随反原型与工作激情之间的调节作用。同时，基于组织支持理论及资源保存理论，共同解释领导者追随反原型对新生代员工创造力的影响。

第 4 章

理论模型与研究假设

4.1 领导者追随反原型对新生代员工创造力的影响

回顾已有文献，影响创造力的因素可以分为个体特征、工作特征、领导特征和组织特征等（潘静洲，2017；丁琳，2017；刘新梅，2017；吴士健，2017）。领导者作为组织管理的关键要素，其对追随者创造力的影响已经得到现有研究的广泛支持。而领导者追随反原型主要是通过影响新生代员工的动机，领导者对新生代员工的支持、监管以及新生代员工满意度，最终作用于新生代员工创造力。

首先，领导者追随反原型对新生代员工的负面感官将削弱新生代员工的内在动机，从而损害新生代员工的创造力。动机是个体维持任务的深层次内驱力，领导者追随反原型主要是通过削弱新生代员工的内在动机，从而影响新生代员工创造力。具体而言，领导者追随反原型能够降低新生代员工对自身工作任务的正面态度及对任务意义感的感知，使新生代员工减少自身的工作卷入度，会减少对工作任务当中所遇到问题的认知努力程度，也会影响新生代员工对信息加工的深度以及搜集和挖掘信息的广度，进而降低创造性产出。

另外，领导者追随反原型不仅能够削弱新生代员工的内在动机，而且也能够影响新生代员工的亲社会动机。换言之，领导者追随反原型能够降低新生代员工对他人观点和需求的敏感性，降低新生代员工换位思考及移情的能力，进而减少新生代员工的创造性产出。综上所述，领导者追随反原型对新生代员工内在动机的削弱以及对新生代员工亲社会动机的损害，最终降低新生代员工的创造力。

其次，根据组织支持理论，领导者追随反原型将降低领导者对新生代员工的支持，从而削弱新生代员工创造力。根据认知—行为链，如果领导者持有对追随者的负面认知，那么领导者更易实施与负面认知相符的行为。基于此，领导者追随反原型使领导者在态度上减少对新生代员工的喜爱程度、信任与绩效期待（Whiteley et al.，2012）。领导者对新生代员工的低期望性要求，将引发领导者的低水平支持，具体表现为领导者在工作中提供较少示范行为、信息传输和言语鼓励。这均会损害新生代员工对自身的创造性期待（贡喆，2017），从而削弱新生代员工的创造动机，进而降低创造性。

领导者追随反原型亦会形成领导者对新生代员工的低水平创新支持。领导者追随反原型对新生代员工的低信任有碍于组织的创新氛围形成，而组织的创新氛围由愿景、参与安全、任务取向和创新支持四个方面组成。领导者追随反原型对新生代员工的低信任不利于团队形成团队共识与共同意愿，随之降低团队成员对任务完成的共同重视程度。同时，新生代员工在发挥创造力的过程中，更易产生心理不安全感，故心理参与创新的安全水平降低。而领导者追随反原型使新生代员工感知更多领导者对创新工作方法和解决方案的不认可和较少的支持。所以，领导者追随反原型损害了新生代员工的愿景，减少了参与创新安全，对共同任务取向认知程度降低，最终感受到更少的创新支持感，故损害了新生代员工的创造力水平。

再次，领导者追随反原型所诱发的监管损害了新生代员工创造力。领导者追随反原型使领导者产生对新生代员工负面感官以后，将激发领导者对新生代员工进行不当督导（Stobbeleir，2011），而不当的监管行为对新生代员工创造力产生负面影响。根据认知评价理论，内在动机对个体产生的影响受到个体对外部环境、信息功能或控制功能的感知。具体而言，如果新生代员工感受到了控制性功能，即新生代员工认为自身的想法、情绪及行为受到外部环境控制，那么，新生代员工的自主性将降低，从而内在动机和创造力均下降。由此推断，领导者追随反原型对新生代员工的控制及监管，将增加新生代员工的控制性功能感知，最终损害新生代员工的创造力。

领导者追随反原型所滋生的不当控制及管理，使新生代员工对自主、胜任及关系的三种需求皆无法得到较好的满足，故削弱了新生代员工个体的创造力水平。根据自我决定理论，外部社会环境可以通过对个体自主胜任和关系的满足来增强个体的内部动机，也能够促使外部动机内化。基于此，领导者追随反原型对新生代员工个体的监管及控制，降低了新生代员工的工作自主性，也降低了新生代员工的自我决定感。因此，新生代员工的自主性需求未被满足。另外，根据皮革马利翁效应，领导者追随反原型对新生代员工个体的低水平绩效期望，将使新生代员工对自身绩效期望也有所降低，进而使其胜任工作的感知水平下降。所以，新生代员工对于胜任的需求无法被满足。加之领导者的时间和精力具有有限性，领导者对新生代员工持有负面的认知将降低领导者与新生代员工之间的交换质量。领导者追随反原型减少了领导—成员之间的互动（Duong，2012；Whiteley et al.，2012），这也使新生代员工在发挥创造性过程中，无法及时得到反馈。这将导致新生代员工反馈寻求行为的频率和广度降低，并导致目标模糊性上升，最终损害新生代员工创造力（Shally，2009）。因此，新生代员工个体对关系的需求无法得到满足，进而削弱了新生代员工的创造力。

最后，领导者追随反原型能够削弱新生代员工个体的工作满意度，进而降低新生代员工的创造力。领导者追随反原型减少新生代员工对组织的归属感，降低新生代员工对工作的投入意愿，并且减少新生代员工在工作中获取新知识、新技能的意愿。基于动态知识获取视角分析，知识搜寻能够给个体带来异质的知识，增强个体的知识储备，扩展对问题分析的视角。而且新的知识吸收能够增强自身对知识和信息的识别能力，同时也能够帮助个体建立新知识和原有知识链接，进而提升知识的利用效率。而领导者追随反原型将降低新生代员工对新知识获取的渴求，同时也减少自身知识分享行为。根据社会互惠原则，更少的知识分享使新生代员工自身能够得到的知识逐渐减少，反而促发了更多的知识隐匿行为，这均会使新生代员工发挥创造力所需的知识积累减少，最终负向作用于新生代员工的创造力。

领导者追随反原型降低新生代员工个体工作的满意程度，也将逐步增加新生代员工在工作中所感受到的阻碍性压力。而新生代员工所感受到的阻碍性压力将使新生代员工个体产生情绪耗竭，难以从工作当中获得满足感，阻碍其创造性活动的产生。加之领导者追随反原型使新生代员工个体的工作满意度降低，最终也会使整个团队的工作满意程度降低。同时，团队沟通水平和相互之间的关系性支持也会减少。而团队沟通能够促进专业知识和资源的整合，使团队成员获取更多有关创新的知识和技能。团队成员寻求帮助的行为将能够广泛地获取和利用不同成员的知识和信息，能够极大地提升自身的解决问题能力。然而，领导者追随反原型使新生代员工团队沟通和关系性支持均降低，最终将损害团队每个成员的创造力。

此外，从社会网络视角分析，新生代员工个体潜入社会关系和结构中，而社会网络的链接强度影响着各个主体的情感亲密程度、沟通频率和持续时间，这均能够影响新生代员工个体的创造力。领导者追随反原型减少领导者自身对新生代员工的信任，也能够减少新生代员工之间的信任，进而降低知识流动，尤其是隐性知识之间的流动，最终降低新生代员工个体的创造力。

基于以上分析，可以提出第一个主假设：领导者追随反原型对新生代员工创造力有负向影响。而为了提出相应子假设，需要对领导者追随反原型和新生代员工创造力的维度进行分析。

内隐追随理论是一个新兴起的研究议题，它建立在内隐领导理论（Implicit Leaderhip Theories，ILTs）基础上，二者均是认知科学引入组织行为学中的产物。其中，Sy（2010）所提出的关于内隐追随理论的内涵和维度最具代表性。同时，Sy 提出内隐追随理论包括追随原型和追随反原型两个二阶因子。其中，追随原型包括勤勉、热情和好公民，追随反原型包括不顺从、不称职和从众。而本书是基于中国情境下的相关研究，由于内隐理论容易受到文化的影响。所以，直接使用西方学者所构建的追随反原型维度进行后续研究，其结论可信性有待考察。

因此，本书第五部分将对中国情境下的追随反原型进行维度重构（不称职、对抗激进、消极被动及低人际敏锐），那么本部分所提出的研究假设也将依据第四部的研究内容而提出。此外，已有研究表明，领导者—追随者的追随原型或追随反原型是否匹配，将对同一结果变量产生不同影响（彭坚、王霄，2016）。因此，为使本书更为严谨，将仅探讨领导者—追随者的追随反原型匹配情境下的相关问题。

创造力的结构也具有多样性，参考组织创新领域的研究成果，Madjar（2011）等将创造力区分为突破性创造力和渐进性创造力。突破性创造力是与组织现有实践具有差异性的想法或方案，而渐进性创造力是对组织现有框架进行微量的改变，提出具有较小程度的修正性想法。Gilson（2011）主张改进是渐进性创造力的主要特点，它可以带来稳定的回报。而改变则是突破性创造力的主要特点，它具有相对较高的风险。由于该创造力结构的划分被应用于多样化的研究对象，且具有较高的信度及效度，故本书采用该创造力的结构维度。综合以上分析，本书提出以下假设：

H1：领导者追随反原型对新生代员工创造力有负向影响。

H1-1：领导者对新生代员工不称职的认知对新生代员工突破性创造力有负向影响。

H1-2：领导者对新生代员工对抗激进的认知对新生代员工突破性创造力有负向影响。

H1-3：领导者对新生代员工消极被动的认知对新生代员工突破性创造力有负向影响。

H1-4：领导者对新生代员工低社交敏锐的认知对新生代员工突破性创造力有负向影响。

H1-5：领导者对新生代员工不称职的认知对新生代员工渐进性创造力有负向影响。

H1-6：领导者对新生代员工对抗激进的认知对新生代员工渐进性创

造力有负向影响。

H1-7：领导者对新生代员工消极被动的认知对新生代员工渐进性创造力有负向影响。

H1-8：领导者对新生代员工低社交敏锐的认知对新生代员工渐进性创造力有负向影响。

4.2 工作激情的中介分析

工作激情包含了三个方面（Seguin-Levesque et al., 2003）：情感（对行为强烈偏好）、认知（体验到个体价值和意义）和行为（投入更多时间和精力）。领导者追随反原型通过影响新生代员工工作激情的三个方面：情感、认知和行为，进而作用于新生代员工创造力。

首先，领导者追随反原型通过影响新生代员工工作激情的情感方面，进而作用于新生代员工创造力。

新生代员工将领导者看作组织的“代理人”，即将领导者对自身的态度和行为看作组织对自身的态度和行为。若领导者关心并信任新生代员工，给予新生代员工正面评价，则新生代员工会以更积极的工作态度和更优的工作行为回报组织；若领导者对新生代员工持有负面认知，或明显地排斥和漠视新生代员工，则新生代员工将感到沮丧和迷茫。由于领导者追随反原型是指领导者的认知结构中持有对新生代员工的负面认知，这将使领导者给予新生代员工更少信任和关爱，在行为上更少地支持新生代员工。可以预期，新生代员工在低领导支持环境下工作，更易情绪沮丧。

与此同时，领导者追随反原型将增加新生代员工情绪压力。而情绪压力会导致新生代员工出现生理疾病。Kim 等（2011）在对社会工作者进行调研后，发现具有较高水平情绪压力的个体存在更多的身体健康问题。此外，情绪压力也会使工作效率降低、缺席率上升、工作满意度降低和组织承诺降低，而这些变量的变化和健康情况的恶化均易削弱工作激情。根据情绪感染理论，工作激情的表露具有感染作用。那么，低水平的工作激情也有可能在同事之间传播，导致新生代员工自身及其同事的负面情绪增加，不利于组织任务完成，最终削弱新生代员工的工作激情。

低水平的工作激情会显著降低新生代员工的组织承诺，破坏新生代员工对组织的情感和黏性。当新生代员工减少对工作本身和组织的喜爱，这将从情感方面削弱其对工作本身的强烈倾向，降低工作投入。同时使新生代员工在心理上对于创造性工作产生抵触和厌恶心理（汪国银等，2016；杨仕元，2018），创造性意愿降低，个体创造内驱力下降，愿意为此主动收集信息和获取资源的能力降低（Gaba，2012），最终负面作用于新生代员工个体创造力。

其次，领导者追随反原型通过影响新生代员工工作激情的认知方面，进而作用于新生代员工创造力。

领导者追随反原型降低新生代员工对自身工作价值及意义的判断。根据皮格马利翁效应，领导者追随反原型降低领导者对新生代员工的绩效期望，进而使新生代员工实际工作绩效降低（Whiteley et al.，2012）。面对低水平绩效的结果，使新生代员工个体低估自己行为的重要性，削弱自身对于工作价值的判断。社会认知过程表明，当新生代员工无法感知到自身工作的意义和价值时，将减少自己在工作过程中的努力。另外，领导者追随反原型会降低领导者对新生代员工的喜爱程度。根据资源保存理论，领导者对新生代员工低水平的喜爱程度，会使新生代员工认为自身对工作的已有资源投入未得到补给或回报。新生代员工继续投入动力相应降低，从而引发其产生消极的工作态度和低水平的工作满意度，持续降低新生代员工对工作价值的判断，进而削弱其工作激情。新生代员工工作激情的降低，将负面作用于新生代员工个体创造性结果的产生（Zhou，2008），进而损害新生代员工的创造力。

领导者追随反原型激发新生代员工对工作和组织的负面认知评价。领导者追随反原型使领导者在态度上降低对新生代员工的信任，在行为上减少与新生代员工的互动。领导者的低水平信任和领导者—追随者的低质量互动将降低新生代员工对组织的认同和承诺。领导者追随反原型与新生代员工认知之间具有交互作用。面对领导者追随反原型，新生代员工在体会领导者对自身的负面认知后，将降低其工作满意度、积极情绪、组织承诺和减少组织公民行为，进而产生更多的对工作和组织的负面评价，最终导致新生代员工的绩效下降。而追随者低绩效与工作激情显著负相关。领导者追随反原型倾向于向对新生代员工进行监管及控制，而根据激情二元模型，外部环境的支持虽然属于外部动机，但是外部动机能够内化，从而产生工作激情（Vallerand & Houlfor，2003）。因此，领导者追随反原型所带来的低水平授权，将使下属无法感受到领导者对下属的有效支持，从而下属缺乏外部动机内化的先决条件，更无法谈及产生工作激情。

此外，领导者追随反原型的监管将激发新生代员工形成对工作和组织的负面情感评价和认知评价（王弘钰、刘伯龙，2018）。根据工作激情概念模型，新生代员工对工作和组织的低水平情感评价和认知评价，能够削弱新生代员工工作激情的产生（Zigarmi，2011）。根据组织支持理论，领导者追随反原型通过监管和构建组织间的疏离关系展示自身对下属的较少支持（Cunningham & Lischeron，1991），从而削弱新生代员工的组织认同，降低新生代员工的工作激情。这一过程将使新生代员工对工作及组织形成负面评估，工作负荷感受程度加强，自我认同和自我实现感知降低，由此新生代员工创造力被削弱（Clercq et al.，2013）。

最后，领导者追随反原型通过影响新生代员工工作激情的行为方面，进而作用于追随者创造力。

领导者追随反原型对新生代员工的组织公民行为具有显著负面影响。这将使新生代员工减少工作以外的有利于组织发展的行为（Duong，2012），减少自身对工作时间和精力的额外投入。进而减弱个体愿意花费更多时间和精力提升自己探索新知识的认知能力，导致新生代员工自我实现感知和自我认同被削弱，工作激情受损。新生代员工工作激情的削弱不利于追随者自身创造力。Liu 等（2011）构造了一个基于工作激情的创造力生产机制综合模型，该模型证实了工作激情能够有效触发追随者创造力。宋亚辉（2015）、汪国银等（2016）的研究成果也支持了工作激情提升创造力的结论。所以，新生代员工工作激情的减少将降低新生代员工在工作中的专注力，并形成低卷入和低水平的沉浸体验（Lavigne et al.，2012），由此产生更低水平的创造意向。

通过以上分析，可以得出有关中介效应的主假设：领导者追随反原型对新生代员工工作激情有负向影响。但是为了得出相对应的子假设，需要对工作激情的结构进行剖析。

基于 Vallerand（2003）所建立的一般激情理论模型，工作激情可以分为和谐型工作激情和强迫型工作激情。和谐型激情是基于对任务或活动的热爱，并且个体能够自主选择是否参加该活动。不参加该活动将不产生任何附加的压力，而从事该活动则能够体验到个人的认同感和决断感。和谐型激情虽然来自从事活动的外部动机，但是该外部动机能够向其身份认同进行自主性内化。和谐型激情一般能够预测适应性结果。强迫型激情是个体对所从事的活动具有强烈的动机和倾向，但是，个体无法进行自控及无法自主决定是否参与该活动。所以，强迫型激情与和谐型激情均来自于个体从事活动外部动机向其身份认同的内化过程，但是强迫型激情则来自控制性内化。这种内化可能来自个体对社会认可、自尊及绩效要求等方面的期望，在从事活动过程当中，将承受该种活动所带来的额外压力。所以，具有强迫型激情的个体即使喜欢某项活动，个体的主观感受仍然能够体会到活动之外的附加压力。并且该压力能够控制个体，使个体无法自主选择是否参加该活动，也能够感受到参与该活动当中所体验到的强迫感。所以，强迫型激情在某种程度上代表了一种控制，即个体被激情本身所控制。因此，在一般情况下，强迫型激情能够预测一些消极的非适应性结果。

由于上述激情分类方法得到了广泛的学术认可，故本书将采用以上关于工作激情的结构划分方法。

基于以上分析，提出如下假设：

H2：领导者追随反原型对新生代员工工作激情有负向影响。

H2-1：领导者对新生代员工不称职的认知对新生代员工和谐型工作激情有负向影响。

H2-2：领导者对新生代员工对抗激进的认知对新生代员工和谐型工作激情有负向影响。

H2-3：领导者对新生代员工消极被动的认知对新生代员工和谐型工作激情有负向影响。

H2-4：领导者对新生代员工低社交敏锐的认知对新生代员工和谐型工作激情有负向影响。

H2-5：领导者对新生代员工不称职的认知对新生代员工强迫型工作激情有负向影响。

H2-6：领导者对新生代员工对抗激进的认知对新生代员工强迫型工作激情有负向影响。

H2-7：领导者对新生代员工消极被动的认知对新生代员工强迫型工作激情有负向影响。

H2-8：领导者对新生代员工低社交敏锐的认知对新生代员工强迫型工作激情有负向影响。

H3：工作激情在领导者追随反原型与新生代员工创造力之间起到中介作用。

H3-1：和谐型工作激情在领导者不称职认知和新生代员工突破性创造力之间起到中介作用。

H3-2：和谐型工作激情在领导者不称职认知和新生代员工渐进性创造力之间起到中介作用。

H3-3：强迫型工作激情在领导者不称职认知和新生代员工突破性创造力之间起到中介作用。

H3-4：强迫型工作激情在领导者不称职认知和新生代员工渐进性创造力之间起到中介作用。

H3-5：和谐型工作激情在领导者对抗激进认知和新生代员工突破性创造力之间起到中介作用。

H3-6：和谐型工作激情在领导者对抗激进认知和新生代员工渐进性创造力之间起到中介作用。

H3-7：强迫型工作激情在领导者对抗激进认知和新生代员工突破性创造力之间起到中介作用。

H3-8：强迫型工作激情在领导者对抗激进认知和新生代员工渐进性创造力之间起到中介作用。

H3-9：和谐型工作激情在领导者消极被动认知和新生代员工突破性创造力之间起到中介作用。

H3-10：和谐型工作激情在领导者消极被动认知和新生代员工渐进性创造力之间起到中介作用。

H3-11：强迫型工作激情在领导者消极被动认知和新生代员工突破性创造力之间起到中介作用。

H3-12：强迫型工作激情在领导者消极被动认知和新生代员工渐进性创造力之间起到中介作用。

H3-13：和谐型工作激情在领导者低社交敏锐认知和新生代员工突破性创造力之间起到中介作用。

H3-14：和谐型工作激情在领导者低社交敏锐认知和新生代员工渐进性创造力之间起到中介作用。

H3-15：强迫型工作激情在领导者低社交敏锐认知和新生代员工突破性创造力之间起到中介作用。

H3-16：强迫型工作激情在领导者低社交敏锐认知和新生代员工渐进性创造力之间起到中介作用。

4.3 社会自我效能感的调节分析

社会自我效能感包括四个维度：社交聚会、公众表现、寻求与提供帮助、冲突管理（Fan et al.，2013）。新生代员工社会自我效能感的四个维度均能够调节领导者追随反原型对新生代员工工作激情的影响。

首先，高社会自我效能感的新生代员工个体相信，虽然领导者预先持有对新生代员工的负面认知，但是新生代员工并不总是处于被动地位。新生代员工可以采取积极主动的互动模式影响领导者认知，最终提升领导—成员关系（顾佳旎等，2014）。因此，此类新生代员工更倾向于主动寻求或创造社交机会，并能够利用社交聚会展现自我，同时相信自身能够在社交聚会中表现出色（Van & Motowidlo，1996）。在勇于与领导者互动过程中，高社会自我效能感新生代员工无负担感，视社交聚会为机会，并能够激发自身的社交及工作热情。

其次，高社会自我效能感的新生代员工个体，拥有低水平社交焦虑，对于社交任务的态度更加积极（Bandura，1986）。他们倾向于与环境互动，有信心也有能力在公众场合与他人进行良好交流。以在领导者心目中进行印象管理，进而增强自身工作动机与激情。

再次，高社会自我效能感的新生代员工个体，在社交中具有主动性和独立性，具有在新情境中发展个人人际关系的能力（Smith & Betz，2000）。因此，此类新生代员工相信自己在组织中能够更好地利用资源，确信自己在社交过程中能够获得自己需要的回报以及能够提供他人需要的帮助，进而能够保持自身的工作激情。

最后，高社会自我效能感的新生代员工个体，其社会适应性较好，在冲突中感受到的压力较小（Fan et al.，2012）。而且，该类个体相信自身能够建立和使用对自身有利的关系网络，能够与目标对象建立友谊和形成联盟。在面对不同情境时，能够针对不同情况灵活地开展人际互动，使用合适的策略以解决冲突，以扫清自己的工作障碍并保持工作动力。

领导者追随反原型对新生代员工工作激情的影响程度，可能因新生代员工心理状况不同而产生差异，而新生代员工社会自我效能感与新生代员工心理状态密切相关。当面对领导者追随反原型时，新生代员工社会自我效能感的高低决定了其主观感知程度的深浅及应对方式的选择，从而进一步调节领导者追随反原型对新生代员工工作激情的影响程度，具体过程如下：

当社会自我效能感强大的新生代员工面对领导者追随反原型时，该类新生代员工所受影响更小，其工作激情被削弱程度将被缓解。因为这类新生代员工面对领导者追随反原型所带来的低喜爱、低信任、低关爱和低领导—成员交换，他们更倾向于相信依靠自身也可以完成任务，对于工作任务本身和工作前景充满希望，且能够找到完成任务的途径。同时，将领导者追随反原型归因于外部的、偶然的因素，而不是自身的、永久的原因。另外，拥有高水平社会自我效能感的新生代员工面对该类困境的自我复原能力较好，能够使自身不受领导者追随反原型影响，并快速回弹。

此外，从其他角度也能推断社会自我效能感可能在领导者追随反原型与新生代员工工作激情之间起到调节作用。

第一，根据资源保存理论，领导者追随反原型作为一种恶性压力需要耗费新生代员工大量内在资源进行情绪调节，这使得新生代员工内在资源流失，并损害工作激情。而社会自我效能感能起到弥补资源损耗的作用，帮助个体更好地处理各种压力问题。第二，领导者追随反原型使新生代员工缺乏与领导者互动，从而降低组织支持感。新生代员工个体将缺乏积极工作的“动能”，而社会自我效能感能够提升个体的心理状态，最终减轻个体情绪压力及工作激情降低程度。第三，已有大量研究表明，员工社会自我效能感能够显著调节领导者因素与追随者因素之间的关系。因此，可以推断，社会自我效能感能够调节领导者追随反原型和新生代员工工作激情之间的关系。

基于此，提出如下假设：

H4：社会自我效能感在领导者追随反原型和工作激情之间起到负向调节作用，即社会自我效能感越强，领导者追随反原型对工作激情影响越弱。

H4-1：社交聚会在领导者追随反原型和工作激情之间起到负向调节作用。

H4-2：公众表现在领导者追随反原型和工作激情之间起到负向调节作用。

H4-3：寻求与提供帮助在领导者追随反原型和工作激情之间起到负向调节作用。

H4-4：冲突管理在领导者追随反原型和工作激情之间起到负向调节作用。

4.4 被调节的中介分析

在以上论述中，本书假设：工作激情在领导者追随反原型与新生代员工创造力之间起到正向调节作用；社会自我效能感缓解了领导者追随反原型与工作激情之间的负向关系，新生代员工社会自我效能感越强，越能够降低领导者追随反原型对工作激情的影响。根据这些假设，进一步推论，社会自我效能感越强，领导者追随反原型通过工作激情而影响新生代员工创造力的负向作用越弱。换言之，工作激情的中介作用受到社会自我效能感的调节，是一个被调节的中介效应。基于此，提出以下假设：

H5：社会自我效能感弱化了工作激情在领导者追随反原型与新生代员工创造力之间的中介效应。

H5-1：社会自我效能感社交聚会维度弱化了工作激情在领导者追随反原型与新生代员工创造力之间的中介效应。

H5-2：社会自我效能感公众表现维度弱化了工作激情在领导者追随反原型与新生代员工创造力之间的中介效应。

H5-3：社会自我效能感寻求与提供帮助维度弱化了工作激情在领导者追随反原型与新生代员工创造力之间的中介效应。

H5-4：社会自我效能感冲突管理维度弱化了工作激情在领导者追随反原型与新生代员工创造力之间的中介效应。

基于以上分析，本书的理论模型如图 4-1 所示。

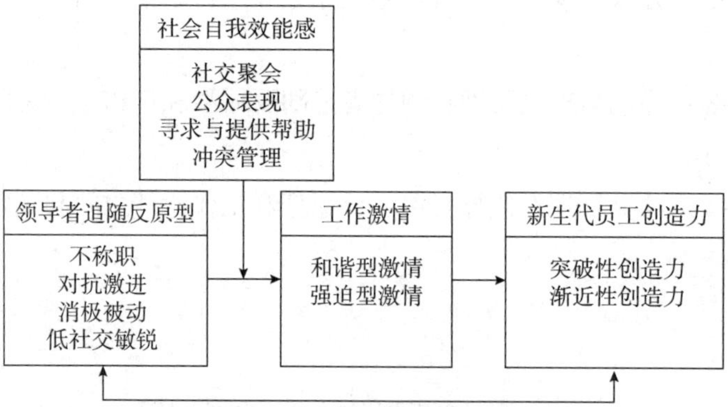

图 4-1　本书的理论模型

4.5　本章小结

本章的研究目的在于对领导者追随反原型、创造力、工作激情和社会自我效能感之间的关系进行分析，确定领导者追随反原型对新生代员工创造力作用机制的理论模型，并提出相应主假设及对应子假设。本章主要研究结论如下：

（1）明确理论模型。构建了以领导者追随反原型为自变量、新生代员工创造力为因变量、工作激情为中介变量，以及社会自我效能感为调节变量的理论模型。

（2）提出主假设及对应子假设。根据领导者追随反原型（不称职、对抗激进、消极被动、低社交敏锐）、新生代员工创造力（突破性创造力、渐近性创造力）、工作激情（和谐型激情、强迫型激情）以及社会自我效能感的维度（社交聚会、公众表现、寻求与提供帮助、冲突管理），构建了与5个主假设对应的40个子假设。

第5章

测量量表的设计与开发

5.1 领导者追随原型与反原型的结构维度

回顾已有对领导者追随原型与反原型的结构研究发现，由于学者对于内隐追随理论的结构划分并不一致，所以导致追随原型与追随反原型的结构也存在差异。

Carsten 和 Uhl-Bien（2010）并未区分原型与反原型，只是将追随者分为被动型、积极型以及主动型，并发现了追随者的以下特质：团队合作、态度积极、首创精神、表达意见、灵活性 / 开放性、服从、沟通能力、忠诚 / 支持、责任感 / 可依靠、工作所有权、任务意识、为人正直①。

Sy（2010）提出了内隐追随理论包括追随原型及追随反原型的结构框架。追随原型包括了勤勉、热情、好公民三个特征，而追随反原型则包括了不称职、从众、不顺从三个特征②。

Derler 和 Weibler（2014）基于追随者特质和追随者行为构建了内隐追随理论。追随者特质涵盖热情，而追随者行为则包括了公民行为③。

---

① Carsten M. K., Uhl-Bien M., West B. J., et al. Exploring Social Constructions of Followership：A Qualitative Study [J]. Leadership Quarterly, 2010, 21（3）: 543-562.

② Sy T. What do you Think of Followers？ Examining the Content, Structure, and Consequences of Implicit Followership Theories [J]. Organizational Behavior and Human Decision Processes, 2010, 113（2）: 73-84.

③ Derler A., Weibler J. The Ideal Employee：Context and Leaders' Implicit Follower Theories [J]. Leadership & Organization Development Journal, 2014, 35（5）: 386-409.

Junker 等（2016）则通过实验发现了更为细致的追随者特征，与 Sy（2010）的划分思路一致，将追随者特征分为正面特征与负面特征，并对其进行了新的命名，即将具有正面特征的追随者定义为“理想追随者”，将具有负面特征的追随者定义为“非理想追随者”。“理想追随者”包含富有创造力、具有大局意识、善于沟通、乐于合作、道德高尚、信念坚定、具有工作兴趣、高工作投入、责任意识强、聪慧、教育程度高、预判意识。“非理想追随者”包含低胜任力、消极被动、情绪易怒、简单粗鲁、漠然、反抗、缺乏合作、恶毒、激进[①]。

随着国外对于追随原型与追随反原型结构探讨的增多，国内学者开展在中国情境下的追随原型结构剖析。祝振兵和罗文豪（2017）通过研究，提出了追随原型包括好公民、工作能力强、工作态度佳三个因子。并在这三个因子下，提出了 9 个项目，即可靠、尊重领导及忠诚（好公民）；不断超越、经验丰富及高工作效率（工作能力强）；认真工作、乐于奉献及勤奋（工作态度佳）[②]。

郭衍宏、兰玲（2017）也对内隐追随原型进行了结构探究，发现内隐追随包括勤勉、服从、进取、情商、公民行为五个维度[③]。

王弘钰、李云剑（2018）通过研究发现，中国情境下的内隐追随由工作能力、真诚拥护、以和为贵三个维度构成[④]。李云剑（2019）对中国情境下内隐追随理论结构进行了再次研究，发现内隐追随理论包括正向原型和负向反原型。正向原型包括工作能力、忠诚上级、团结同事，而负向反原型则包括公开破坏、包藏祸心[⑤]。

---

① Junker N. M., Stegmann S., Braun S., et al. The Ideal and the Counter-ideal Follower-Advancing Implicit Followership Theories［J］. Leadership & Organization Development Journal, 2016, 37（8）: 1205-1222.

② 祝振兵，罗文豪. 中国组织情境下的内隐追随：内容、结构与测量［J］. 江西社会科学，2017（3）：235-244.

③ 郭衍宏，兰玲. 中国情境下内隐追随理论的建构与测量［J］. 中国人力资源开发，2017（7）：25-37.

④ 王弘钰，李云剑. 中国本土情境下内隐追随的维度与量表开发——基于形成性指标的维度构建方法［J］. 厦门大学学报（哲学社会科学版），2018（1）：78-85.

⑤ 李云剑. 中国情境下领导者内隐追随内涵、结构与作用机制［D］. 吉林大学博士学位论文，2019.

通过对现有国内外内隐追随原型与追随反原型的结构回顾，可以得出结论：部分国外学者从追随原型和反原型双视角进行结构剖析（Sy，2010；Junker，2016）等。而另一部分国外学者则从单视角进行结构分析，即仅仅探讨了追随原型的结构（Carsten 和 Uhl-bien，2010；Derler 和 Weibler，2014）。而国内学者均探讨了追随原型的结构，或者对双结构进行了探究，忽视了着重对追随反原型的结构进行研究（祝振兵和罗文豪，2017；王弘钰和李云剑，2018；李云剑，2019；郭衍宏，2017）。

然而，在中国情境下研究追随反原型，若使用国外学者的量表，将难以具有说服力，这是由于文化能够影响内隐理论（Sternberg，1985）。中国具有典型的东方文化特征：高权力距离（即使中国的权力距离在逐步降低，但较之西方国家仍属于高权力距离国家）、集体主义、中庸之道、面子、关系等。这些典型的中国文化特征影响着中国人的生活及工作，工作情境下的相关主体认知难免受其影响，将导致中国情境下的追随反原型既强调工作层面的普遍负面认知，也可能涵盖在特有文化下的特殊负面认知。正是由于中西方文化的显著差异，所以国外学者呼吁关于追随反原型的跨文化研究，而国内学者也呼吁中国情境下的追随反原型剖析。基于此，为了确保研究的严谨性及结论的可信性，有必要进行中国情境下的追随反原型量表开发。

所以，本书在对模型进行验证前，将对追随反原型文献进行再次回顾，使用扎根理论进行中国情境下的追随反原型结构构建，并通过探索性因子分析、验证性因子分析、信度分析及效度分析，对所开发量表进行结构验证。最后将对本书所开发量表与 Sy（2010）所开发量表进行比较分析，以考察所开发量表的有效性。国内外追随原型及追随反原型的结构如表 5-1 所示。

表 5-1 国内外追随原型及追随反原型的结构

学者	结构	题目数
Sy（2010）	原型：勤勉、热情、好公民 反原型：不称职、从众、不顺从①	9（原型） 9（反原型）
Carsten 和 Uhl-Bien（2010）	被动型、积极型和主动型②	12
Derler 和 Weibler（2014）	特质角度：勤勉、热情和好公民 行为角度：探索性行为和利用性行为③	3（特质） 2（行为）
Junker 等（2016）	理想追随者：任务导向型和关系导向型 非理想追随者：任务导向型和关系导向型④	21
祝振兵和罗文豪（2017）	好公民、工作能力强和工作态度好⑤	9
郭衍宏和兰玲（2017）	勤勉、服从、进取、情商和公民行为⑥	15
王弘钰和李云剑（2018）	工作能力、真诚拥护和以和为贵⑦	9
李云剑（2019）	原型：工作能力、忠诚上级、团结同事 反原型：公开破坏、包藏祸心⑧	11（原型） 11（反原型）

① Sy T. What do you Think of Followers? Examining the Content, Structure, and Consequences of Implicit Followership Theories［J］. Organizational Behavior and Human Decision Processes, 2010, 113(2): 73–84.

② Carsten M. K., Uhl-Bien M., West B. J., et al. Exploring Social Constructions of Followership: A Qualitative Study［J］. Leadership Quarterly, 2010, 21(3)：543–562.

③ Derler A., Weibler J. The Ideal Employee: Context and Leaders' Implicit Follower Theories［J］. Leadership & Organization Development Journal, 2014, 35(5)：386–409.

④ Junker N. M., Stegmann S., Braun S., et al. The Ideal and the Counter-ideal Follower-advancing Implicit Followership Theories［J］. Leadership & Organization Development Journal, 2016, 37(8): 1205–1222.

⑤ 祝振兵，罗文豪. 中国组织情境下的内隐追随：内容、结构与测量［J］. 江西社会科学，2017（3）：235–244.

⑥ 郭衍宏，兰玲. 中国情境下内隐追随理论的建构与测量［J］. 中国人力资源开发，2017（7）：25–37.

⑦ 王弘钰，李云剑. 中国本土情境下内隐追随的维度与量表开发——基于形成性指标的维度构建方法［J］. 厦门大学学报（哲学社会科学版），2018（1）：78–85.

⑧ 李云剑. 中国情境下领导者内隐追随内涵、结构与作用机制［D］. 吉林大学博士学位论文，2019.

5.2 领导者追随反原型量表的构建

5.2.1 研究一：本土量表的构建

5.2.1.1 研究小样本

为了更好地考察领导者对追随者的负面认知，将选取组织行为学领域的学者、资深人力资源专员（工龄为 5 年以上）及中高层人力资源管理者为访谈对象。共计约谈被访谈者 25 人，组织行为学领域的学者占比 32%，资深人力资源专员占比 32%，中高层人力资源管理者占比 36%。被访谈者分别来自教育领域、装备制造业领域、农业领域、金融服务业领域、生物制药领域、医疗领域及能源领域。为了避免性别及年龄对研究结果的影响，所以选取了 12 名女性，13 名男性，其中 30~40 岁 9 人，40~50 岁 8 人，50 岁以上 8 人。

5.2.1.2 研究过程

Glazer 和 Strauss（1967）提出了扎根理论，该理论将质性研究与定量研究相结合，使从初始资料中构建理论成为可能。所以，本书将使用扎根理论抽取中国情境下的追随反原型初始概念，并提取相应题项。

第一，文献回顾。对内隐追随理论相关文献进行梳理，并重点阅读分析已有追随反原型结构。同时考察追随原型结构，因为部分学者所提出的追随原型与追随反原型具有对立性。

第二，应用理论抽样、选择抽样和目的抽样，对组织行为学领域的学者、资深人力资源专员（工龄为 5 年以上）及中高层人力资源管理者进行访谈。为了确保访谈质量，在确定被访谈者后，提前将访谈提纲发送至被访谈者。由于所访谈内容涉及负面认知，为了确保访谈真实性，在发送访谈提纲的同时，与被访谈者进行初次沟通，告知本次访谈的保密性及学术用途。为了确保访谈标准的一致性，访谈者将由同一人进行。

首先，对组织行为学领域的学者进行访谈，要求被访谈者概括出非理想员工的特征，通过相关学术理论解释非理想员工的特征。

其次，对资深人力资源专员进行访谈，要求被访谈者概括出非理想员工的特征，并对每一特征进行详细描述，通过关键事件证明非理想员工的特征。

最后，与对资深人力资源专员访谈一致，对中高层人力资源管理者进行访谈，要求被访谈者概括出非理想员工的特征，并对每一特征进行详细描述，通过关键事件证明非理想员工的特征。

第三，使用扎根理论，逐次采用开放式编码、主轴编码以及选择式编码。在第一个编码环节，邀请3位组织行为学博士分别听取访谈录音，对每一位被访谈者的录音内容提取核心概念。在听取每1位被访谈者的录音后，3位组织行为学博士会面，再将各自提取的概念进行汇总并讨论，以保证提取核心概念的质量。直至第20位访谈者的录音被提取核心概念后，出现了理论饱和。为了确认理论饱和的真实性，3位组织行为学博士又听取了5位受访者的录音，发现此5位访谈者所提及内容均涵盖在之前受访者的访谈内容中，所以，不再继续进行访谈，确认达到了理论饱和。

3位组织行为学博士从25位受访者录音中提取了126个原始题项，如表5-2所示。由于这126个题项存在意义重复，故对相应重复题项进行了删除，得到了68个题项，但是，68个题项中存在意义相近的题项，故对其进行了合并，最终得到了28个题项。

表5-2　开放式编码结果

样本	初始概念
访谈者1	a1. 员工经常找理由推脱自己的工作责任 a2. 员工与同事缺乏沟通，导致工作效率低下 a3. 员工无法与领导者共进退 a4. 员工思维保守，不敢创新，不愿意接受新事物 a5. 员工欺上瞒下 a6. 员工不能独立完成自己的工作任务，需要别人查缺补漏

续表

样本	初始概念
访谈者 2	a7. 员工只是为了经济利益而工作，对企业完全没有责任意识 a8. 员工完成工作的质量达不到要求 a9. 员工不愿意承受超出工作范围的工作 a10. 员工缺乏与人合作的意识与能力，导致工作绩效不高 a11. 员工经常把私人情绪带到工作中 a12. 员工的工作方法过于陈旧
访谈者 3	a13. 员工成绩平平，不求上进 a14. 员工不愿意牺牲自己的时间、精力以达到组织目标 a15. 员工无法真正理解领导的意图 a16. 员工害怕改变与冒险
访谈者 4	a17. 员工对组织信任感不强，有待遇更好的工作时会立刻选择新工作 a18. 员工按照要求机械地完成工作，缺少思考 a19. 员工经常向同事随意发脾气，发怒时无法自控 a20. 员工不敢创新，害怕因此犯错误并承担风险 a21. 员工工作自觉性、自主性差
访谈者 5	a22. 员工遇到困难则推诿 a23. 员工抱着随大溜的思想，不敢正面维护领导 a24. 员工经常做事冲动，不计后果 a25. 员工对于工作改进的贡献小
访谈者 6	a26. 员工难以适应新变化 a27. 员工思想保守，畏惧挑战 a28. 员工工作积极性不高，需要监督 a29. 员工执行任务时，自行打折扣
访谈者 7	a30. 员工无大局意识，只考虑自身利益 a31. 员工工作积极性低、工作质量差 a32. 员工对领导的认同度不高
访谈者 8	a33. 员工经常向领导寻求帮助，不会主动思考解决问题方法 a34. 员工对人不对事，把私人情绪带到工作中 a35. 员工对待工作中的新情况、新问题不具备应对能力 a36. 员工按照自己理解执行任务 a37. 员工学习新技能的自主性差

续表

样本	初始概念
访谈者 9	a38. 员工对待同事与领导无法做到客观公正 a39. 员工由于自身情绪欠佳，导致工作中出现错误 a40. 员工与领导有距离，把领导当局外人 a41. 员工工作时视角有限，不能思考全局性问题 a42. 员工做事只是按照上级指示，没有自己的思考
访谈者 10	a43. 员工在不恰当的场合否定领导 a44. 员工工作中弄虚作假，损害企业利益 a45. 员工对组织缺少归属感 a46. 员工抱怨领导工作要求或工作风格 a47. 员工缺乏团队意识，经常毫无理由反对同事意见 a48. 员工无法维护领导及领导决策
访谈者 11	a49. 员工对工作不满，随意辞职 a50. 员工工作中遇到事情不冷静 a51. 员工缺乏对领导的维护意识
访谈者 12	a52. 员工无法完成额外工作 a53. 员工对组织的忠诚度不高 a54. 员工与领导意见不一致时，和领导发生正面冲突
访谈者 13	a55. 员工缺乏沟通能力 a56. 员工情绪管理能力差，处事冲动 a57. 员工对公司缺乏责任心，对额外任务怨声载道 a58. 员工对学习机会抱有消极的态度 a59. 员工对待领导过于苛刻，不愿配合领导工作
访谈者 14	a60. 员工工作中没有大局意识，只关注本职工作 a61. 员工不听从领导安排 a62. 员工遇到新问题，不思考并消极对待 a63. 员工遇到难题使自己陷入被动状态，无法自拔
访谈者 15	a64. 员工自主完成新任务的情况少 a65. 员工只考虑自己的立场，对待领导缺乏理解 a66. 员工不能以大局为重，为了一己私利，与领导意见相左 a67. 员工不具备创新意识与挑战意识 a68. 员工我行我素，缺少配合意识 a69. 当组织出现新情况、新问题时，员工措手不及

续表

样本	初始概念
访谈者 16	a70. 员工会因为一点小事，大动干戈，缺乏大局意识 a71. 当面对新任务时，员工选择后退 a72. 员工对领导的指示理解得不够透彻 a73. 员工机械完成任务，不会思考，缺少反馈 a74. 员工安于现状，对于新事物、新情况无反应
访谈者 17	a75. 员工重视个人利益，无法理解领导的工作安排 a76. 员工缺乏与领导者进行有效沟通，经常让领导者唱“独角戏” a77. 员工对自己工作要求不高，业绩一般 a78. 员工不懂得自我的情绪管理，遇事易冲动 a79. 员工缺少迎难而上的精神
访谈者 18	a80. 工作散漫，效率低下 a81. 员工抗拒领导的管理 a82. 员工不思进取，诸多不良习气 a83. 员工不能主动学习新技能 a84. 员工对领导持有不尊重的态度 a85. 不遵守纪律，违反部门常规及操作规程
访谈者 19	a86. 员工遇到问题，不主动上报领导，而是等待领导发现问题 a87. 员工的工作成果属于合格水平，没有高绩效的产出 a88. 员工抱怨自己工作辛苦，工作情绪低，影响与领导及同事沟通 a89. 员工做事不喜欢动脑筋 a90. 员工不配合领导工作
访谈者 20	a91. 员工遇到新问题，缺乏思考，推脱逃避 a92. 员工缺乏与领导共同应对外部阻力的想法 a93. 员工工作绩效一般 a94. 员工故意给领导找麻烦、唱反调 a95. 员工无法独立思考
访谈者 21	a96. 欠缺团队精神和合作意识 a97. 员工因为利益与领导起冲突 a98. 员工不能保质保量完成工作 a99. 员工经常独来独往，不与同事合作 a100. 员工缺乏责任心，无敬业爱岗意识

续表

样本	初始概念
访谈者 22	a101. 员工理解能力差，经常误解领导意思 a102. 员工对待领导过于随意，无服从意识 a103. 员工总是考虑自己，不能设身处地为领导与同事考虑 a104. 员工经常为了完成工作任务而降低工作质量 a105. 员工缺乏独立思考的精神 a106. 员工缺乏有效的沟通能力 a107. 员工对待新鲜事物持反对态度
访谈者 23	a108. 员工只注重任务本事，不理解任务的作用和意义，导致业绩低 a109. 员工缺乏维护领导的意识 a110. 员工利益与组织利益发生冲突时，员工选择前者 a111. 员工考虑问题无法从领导角度出发，无法与领导思路保持一致 a112. 员工与同事沟通不畅，导致关系僵化，影响工作绩效 a113. 员工对于新制度、新准则，抗议突出
访谈者 24	a114. 员工带着情绪工作，导致工作绩效不高 a115. 员工出于自身既得利益考虑，不愿意接受新挑战 a116. 员工工作动力不足，对于工作成果要求较低 a117. 员工无法领会领导的工作思路，理解领导的工作想法 a118. 员工不理解领导，当场让领导难堪 a119. 员工有自己的想法，却无法与领导及同事沟通
访谈者 25	a120. 员工性格独特，影响工作沟通 a121. 员工缺乏使命感，为了完成工作而工作 a122. 员工缺乏对领导忠诚，不能共进退 a123. 员工拒绝新事物，缺乏学习能力 a124. 员工遇到困难无法解决，不及时向领导汇报沟通，也无应对困难行动 a125. 员工不能认真积极完成工作任务，想方设法推卸责任 a126. 员工对自己工作任务划分得十分明确，不愿完成额外工作

接下来，进行第二个和第三个编码环节，后两个编码环节由 3 名管理学教授及副教授开展，通过背对背的方式，将已经获取的 28 个原始题项进行归类，归类完成后会面，总结分类结果。他们通过讨论，确认将原始题项分为 4 类，但是对题项分类存在分歧。因此，3 位管理学教授及副教授着重分析了分类不一致之处，删除了始终无法达成共识

的题项。

至此，通过开放式编码、主轴编码以及选择式编码得到了 24 个题项，且被分为 4 类（见表 5-3）。

表 5-3 主轴编码和选择式编码结果

核心范畴	子范畴	包含的概念
不称职	追随者无法保质保量地完成工作	a6；a29；a31；a77；a85；a87；a98；a104；a125
	追随者无法超额完成工作责任外的工作	a14；a52；a57；a126
	追随者无法做到工作成果突出	a13；a93；a108；a116
	追随者无法做到正直忠诚	a5；a17；a38；a44；a53；a122
	追随者无法独立思考及应对工作	a95；a105
	追随者不具有组织使命感	a7；a30；a45；a100；a110；a121
对抗激进	追随者无法完全服从领导工作安排、遵照命令执行	a36；a46；a61；a81；a90；a102
	追随者与领导、同事唱反调	a43；a47；a54；a66；a68；a84；a94；a97
	追随者无法维护领导面子和权威	a23；a40；a51；a109；a118
	追随者无法在他人否定领导时，站出来维护领导	a32；a48；a92
	追随者无法适应并推动新变化	a26；a35；a37；a58；a107；a113；a123
	追随者行为冲动	a39；a49；a50；a56；a70
消极被动	追随者无法做到工作态度积极	a1；a22；a28；a80；a82；a88
	追随者无法主动参与工作并提供关键和建设性的反馈	a21；a42；a62；a63；a74；a86
	追随者无法快速主动学习新技能	a12；a69；a83
	追随者无法自主找到工作方法并最终完成任务	a33；a64；a71；a91
	追随者无法提出创新性想法和工作方法	a18；a25；a67；a73；a89
	追随者无法承担工作风险	a16；a20
	追随者缺乏挑战勇气	a4；a27；a79；a115

续表

核心范畴	子范畴	包含的概念
低社交敏锐	追随者无法进行自我管理情绪	a11；a19；a24；a34；a78；a114
	追随者无法准确意会领导和同事的意图	a15；a72；a101；a117
	追随者无法积极与领导和同事进行书面和口头沟通，以获取支持和合作	a2；a10；a55；a96；a99；a106；a112；a119；a120；a124
	追随者无法时时站在领导的角度思考问题	a41；a59；a65；a75；a76；a103；a111
	追随者无法与领导者同心同德	a3；a60

第四，采用反向归类法对上述归类进行验证。邀请未参与上述研究过程的 3 位管理学博士研究生进行反向归类，即他们把 24 个题项分别放入 4 个类别中。通过此过程，3 人将题项归入预想类别的个数为 17 个（占比 71%），2 人将题项归入预想类别的数目为 4 个（占比 17%），0 人将题项归入预想类别的数目为 3 个（占比 12%）。为了保证量表质量，将 3 人归入预想类别的 17 个题项保留，其他予以删除。

5.2.1.3　研究结果

通过研究一得到了 17 个题项，且被分为 4 类，分别为不称职、对抗激进、消极被动和低社交敏感（见表 5-4）。其中“不称职”与 Sy（2010）提出的追随反原型中的“不称职”及 Junker（2016）提出的“非理想追随者”中的“不能胜任”一致。“对抗激进”与 Junker（2016）提出的“非理想追随者”中的“激进的”和“不顺从的”相似，但该“对抗激进”侧重于对领导权威的挑战，这与中国高权力距离的文化相关。“消极被动”与 Carsten 和 Uhl-bien（2010）所提出的“被动型”内涵相似。“低社交敏锐”充分体现了中国典型文化（高语境文化、面子、关系等）特征。至此，可以确认中国情境下的追随反原型量表初始题项。

表 5-4　扎根理论的领导者追随反原型题项

维度	题项
不称职	（1）追随者无法保质保量地完成工作
	（2）追随者无法超额完成工作责任外的工作
	（3）追随者无法做到工作成果突出
对抗激进	（4）追随者无法完全服从领导工作安排、遵照命令执行
	（5）追随者与领导、同事唱反调
	（6）追随者无法维护领导的面子和权威
	（7）追随者无法在他人否定领导时，站出来维护领导
	（8）追随者无法适应并推动新变化
消极被动	（9）追随者无法做到工作态度积极
	（10）追随者无法主动参与工作并提供关键和建设性的反馈
	（11）追随者无法快速主动学习新技能
	（12）追随者无法自主找到工作方法并最终完成任务
	（13）追随者无法提出创新性想法和工作方法
低社交敏锐	（14）追随者无法进行自我管理情绪
	（15）追随者无法准确意会领导和同事意图
	（16）追随者无法积极与领导和同事进行书面和口头沟通，以获取支持和合作
	（17）追随者无法时时站在领导的角度思考问题

通过以上研究，可以确认中国情境下的领导者追随反原型维度，但是仍需对所得结论进行验证，即通过研究二对领导者追随反原型进行量表开发。

5.2.2　研究二：本土初始量表提纯和结构验证

5.2.2.1　小样本预测试与量表提纯

首先进行小样本预测试，用以评估量表的整体信度及各个题项的质量。选取吉林省四平市天成玉米公司为调研单位，共计发放问卷 120 份，回收问卷 105 份，有效问卷 90 份，有效率达到 75%。

第一，使用 Cronbach’s α 系数判别问卷的整体信度。第二，使用 CITC 系数、共同度、因子载荷及跨因子载荷判断单个题项的信度。通过分析统计数据发现，Cronbach’s α 值为 0.81，大于标准值 0.7，量表的总体可信度达到标准。但是，题项 11 CITC 系数小于 0.5，因此予以删除。接着，对剩下的 16 个题项做主成分分析，题项 7 共同度小于 0.5，予以删除；题项 17 因子载荷小于 0.5，予以删除；题项 13 跨因子载荷超过 0.4，予以删除。最后，经过小样本预测试删除了 4 个题项，保留了 13 个题项及 4 个维度。

5.2.2.2　量表的结构分析

（1）研究样本。

选取吉林省 10 家企业（教育领域、装备制造业领域、农业领域、金融服务业领域、生物制药领域、医疗领域、能源领域、交通运输领域、食品领域及出版领域），每家企业发放问卷 100 份，共计 1000 份；回收问卷 826 份，剔除无效问卷 196 份，有效问卷 630 份，有效率为 63%。被测样本男性 362 人，女性 268 人，分别占比 57.5% 和 42.5%。30 岁以下 182 人，占比 28.9%；30~40 岁 198 人，占比 31.4%；40~50 岁 121 人，占比 19.2%；50 岁以上 129 人，占比 20.5%。

（2）研究过程。

首先将研究一所获得的 13 个题项编制为 Likert5 点调查问卷，5 表示“完全同意”，1 表示“完全不同意”。其次与被调研单位约谈调研时间，实施问卷调研。在正式发放问卷前，向被调研对象说明调查的学术性目的，以及调查结果的保密性。最后实施问卷调研。利用被调研对象的休息时间，对其发放问卷，并告知从 5 到 1 代表对题项认同程度逐渐降低。为了确保问卷回收率，采用立即收回方式。对于收回的 630 份问卷用于探索性因子分析（315 份）及验证性因子分析（315 份）。

5.2.2.3　实证结果与分析

（1）探索性因子分析。

基于 130 份调研问卷，对其进行一阶探索性因子分析和二阶探索性因子分析，这是由于探索性因子分析的主要功能之一为将变量归为少数核心因子。所以，本部分将对扎根理论所得的分类标准进行判别。

首先，进行一阶探索性因子分析。在对数据进行一阶探索性因子分析之前 KMO 数值为 0.91，该数值大于标准值 0.7，且 Bartlett 球形检验结果在 0.01 水平上显著。其次，使用 SPSS19.0 分析软件，基于主成分和方差极大正交旋转，同时抽取 4 个特征值大于 1 的因子，这 4 个因子共解释了 57.83% 的总方差，但是，题项 9 的因子载荷低于 0.5，予以删除。其他题项的因子载荷如表 5-5 所示。根据扎根理论所得的题项分类基本得到了验证，题项 8 被重新归类。所以，依据统计分析结果，将题项 8 归类为“消极被动”。

表 5-5　领导者追随反原型量表的探索性因子分析载荷

题项	1	2	3	4	共同度
（1）追随者无法保质保量地完成工作	0.825	0.311	0.274	0.200	0.681
（2）追随者无法超额完成工作责任外的工作	0.818	0.307	0.226	0.116	0.669
（3）追随者无法做到工作成果突出	0.802	0.296	0.203	0.105	0.643
（4）追随者无法完全服从领导工作安排、遵照命令执行	0.302	0.807	0.278	0.126	0.651
（5）追随者与领导、同事唱反调	0.297	0.803	0.275	0.112	0.709
（6）追随者无法维护领导的面子和权威	0.289	0.786	0.153	0.107	0.645
（8）追随者无法适应并推动新变化	0.296	0.207	0.805	0.129	0.648
（10）追随者无法主动参与工作并提供关键和建设性的反馈	0.261	0.178	0.750	0.107	0.563
（12）追随者无法自主找到工作方法并最终完成任务	0.253	0.153	0.707	0.101	0.500
（14）追随者无法进行自我管理情绪	0.229	0.118	0.010	0.801	0.642
（15）追随者无法准确意会领导和同事意图	0.207	0.013	0.009	0.725	0.526
（16）追随者无法积极与领导和同事进行书面和口头沟通，以获取支持和合作	0.119	0.010	0.007	0.702	0.493
特征根	3.388	3.306	2.869	1.987	
方差解释率（总体方差解释率：57.826%）	18.852	34.072	47.668	57.826	

为了考察不称职、对抗激进、消极被动及低社交敏锐是否属于领导者追随反原型，在完成一阶探索性因子分析后，继续进行二阶探索性因子分析。

本部分对剩余的 12 个题项做二阶探索性因子分析。首先对不称职、对抗激进、消极被动及低社交敏锐进行相关性分析，4 因子相关系数介于 0.368 ~ 0.562，能够表明 4 个因子存在一个共同的高阶因子。取 4 个维度各题项的均值作为此维度的二阶赋值，得到相应 4 个变量，即不称职、消极被动、对抗激进和低社交敏锐。在二阶探索性因子分析前，4 个因子 KMO 数值为 0.77，该数值大于标准值 0.7，且 Bartlett 球形检验结果在 0.01 水平上显著。使用主成分和方差极大正交旋转，得到 4 个维度两两显著相关，提取出一个特征值大于 1 的因子，解释了 60.22% 的总方差，说明 4 个维度同属于领导者追随反原型这一变量（见表 5-6）。

表 5-6　领导者追随反原型二阶因素分析结果

一阶因素	二阶因素载荷	共同度
不称职	0.800	0.750
对抗激进	0.729	0.531
消极被动	0.718	0.516
低社交敏锐	0.709	0.503
特征根	1.890	
总解释率（%）	60.22	

（2）验证性因子分析。

基于余下的 130 份调查问卷，进行一阶验证性因子分析和二阶验证性因子分析，以考察探索性因子分析所得模型是否具有跨样本的稳定性。

首先进行一阶验证性因子分析。基于一阶 4 因子模型，构建两个竞争模型：3 因素模型和 2 因素模型。3 因素模型为消极执行技能（消极被动和对抗激进合并而成）、不称职及低社交敏锐。2 因素模型为基本技能（不称职、消极被动及对抗激进合并而成）和低社交敏锐。通过考察表 5-7 中的指标，以判别各个模型的拟合优度。

表 5-7 竞争模型的拟合优度分析

模型	χ^2/df	GFI	AGFI	NFI	IFI	CFI	RMSEA	PNFI
4 因素模型	2.307	0.928	0.952	0.933	0.926	0.905	0.046	0.708
3 因素模型	6.323	0.844	0.883	0.783	0.786	0.832	0.124	0.448
2 因素模型	7.232	0.837	0.821	0.752	0.762	0.766	0.189	0.433

对表 5-7 进行分析，3 因素模型的 χ^2/df 大于标准值 3，GFI、AGFI、NFI、IFI、CFI 小于标准值 0.9，RMSEA 大于 0.05，PNFI 小于 0.5。2 因素模型的 χ^2/df 大于标准值 3，GFI、AGFI、NFI、IFI、CFI 小于标准值 0.9，RMSEA 大于 0.05，PNFI 小于 0.5。4 因素模型 χ^2/df 小于标准值 3，GFI、AGFI、NFI、IFI、CFI 大于标准值 0.9，RMSEA 小于 0.05，PNFI 大于 0.5。以上数据说明，4 因素模型拟合较好，优于 3 因素模型和 2 因素模型。

其次进行二阶验证性因子分析，以判断此 4 个因子能否属于一个更高阶的因子。对表 5-8 进行分析，χ^2/df 为 2.369，小于标准值 3，NFI、CFI 分别为 0.937 和 0.916，大于标准值 0.9，RMSEA 为 0.042，小于 0.05，说明该 4 个因子从属于领导者追随反原型这一更高阶的因子。

表 5-8 领导者追随反原型二阶验证性因子分析拟合数据

拟合指数	χ^2/df	CFI	RMSEA	NFI	PNFI
样本	2.369	0.916	0.042	0.937	0.722

（3）信度分析。

继续对第二份样本进行信度分析，分析结果如表 5-9 所示，领导者追随反原型总量表的同质性信度和分半信度分别为 0.812 和 0.822。而从同质性信度考察分量表看，不称职分量表的同质性信度为 0.842，对抗激进分量表的同质性信度为 0.821，消极被动分量表的同质性信度为 0.798，低社交敏锐分量表的同质性信度为 0.826。从分半信度考察分量表看，不称职分量表的分半信度为 0.820，对抗激进分量表的分半信度为 0.766，消极被动分量表的分半信度为 0.802，低社交敏锐分量表的分半信度为 0.811。以上数据表明，量表呈现出较高的信度水平。

表 5-9 领导者追随反原型量表的信度检验成果

信度类型	总量表	不称职	对抗激进	消极被动	低社交敏锐
同质性信度	0.812	0.842	0.821	0.798	0.826
分半信度	0.822	0.820	0.766	0.802	0.811

（4）效度分析。

本书主要使用内容效度和区分效度验证量表效度。

第一，内容效度。本量表的获得主要是通过对文献进行研究，对组织行为学领域的学者、资深人力资源专员及中高层人力资源管理者进行深度访谈，由 3 名组织行为学博士对访谈内容进行编码，再由 3 名管理学博士进行反向归类，以确定量表初始题项。接着，进行小规模预调研，采用定量的方法加以检验。所以本量表的开发是基于严格的控制过程而获得，因而具有较高的内容效度。

第二，区分效度。如表 5-10 所示，本量表的 AVE 平方根的值分别为 0.834、0.788、0.742 及 0.740，而各维度的相关系数介于 0.311 ~ 0.434，对二者进行比较可知，各维度 AVE 平方根的值大于维度间的相关系数。由此表明，本量表具有较好的区分效度。

表 5-10 领导者追随反原型 4 维度的区分效度检验

	不称职	对抗激进	消极被动	低社交敏锐
不称职	（0.834）			
对抗激进	0.426*	（0.788）		
消极被动	0.311***	0.434***	（0.742）	
低社交敏锐	0.402*	0.325*	0.413*	（0.740）

注：*** 代表 $p<0.001$，** 代表 $p<0.01$，* 代表 $p<0.05$，括号内为各维度的 AVE 值。

5.3 国外代表性量表与本书开发量表的效度比较

国内外学者在研究追随反原型的过程中，普遍使用 Sy（2010）开发的量表。但是，追随反原型在不同文化下，其结构可能会随之变动。因此，即使是应用最广泛的追随反原型西方量表，在中国情境下也有可能存在不足。

而以上研究开发了中国情境下的领导者追随反原型量表，既遵循了严格的量表开发程序，也经受住了信度、效度检验。但是，其有效性是否比 Sy（2010）提出的量表更有效，则有待考证。所以，在中国情境下，以中国员工为样本，选择关联效标，以验证本书开发量表较西方量表的诠释力。

5.3.1 关联效标的建立

效标的选择应该基于被广泛研究理论建构中的变量。而对于领导者追随反原型，其与绩效、工作满意度、领导—成员交换及组织公民行为密切相关。具体而言，领导者追随反原型使员工自身降低绩效期望，进而导致实际绩效水平降低。领导者追随反原型促发领导者对员工的低喜爱，而员工能够感知领导者对自身的低喜爱，因而降低自身对组织的情感依附，最终损害员工的满意度。领导者追随反原型将使自身降低与员工的互动水平，进而形成低质量的领导—成员交换（Whiteley et al.，2012）。另外，领导者追随反原型将降低员工的组织承诺，使组织公民行为随之减少（Epitropaki et al.，2013）。

综上，选取以下变量作为关联效标：绩效、工作满意度、领导—成员交换和组织公民行为。绩效量表选择 Williams 和 Anderson（1991）所开发的量表；工作满意度量表选择 Spector（1997）提出的量表；领导—成员交换量表选择王辉等（2004）设计的量表；组织公民行为量表选择

Lee 和 Alan（2002）开发的量表。

将以上量表转换为调查问卷，选取吉林省 3 家企业的员工和领导，并对二者进行配对。共计发放问卷 200 份，回收问卷 175 份，有效问卷 155 份，有效率为 77.5%。

首先，对本书所开发的领导者追随反原型量表与绩效、工作满意度、领导—成员交换和组织公民行为进行相关性分析。其次，对 Sy（2010）所提出的追随反原型量表与绩效、工作满意度、领导—成员交换和组织公民行为进行相关性分析。

5.3.2 结果分析

根据表 5-11，首先分析本书所开发的领导者追随反原型量表与各个关联效标的相关性。

领导者追随反原型量表与绩效相关系数范围为 -0.43~-0.30，领导者追随反原型量表与工作满意度相关系数范围为 -0.52~-0.38，领导者追随反原型量表与领导—成员交换相关系数范围为 -0.46~-0.32，领导者追随反原型量表与组织公民行为相关系数范围为 -0.42~-0.32。

其次分析 Sy（2010）所开发的领导者追随反原型量表与各个关联效标的相关性。领导者追随反原型量表与绩效相关系数范围为 -0.40~-0.28，领导者追随反原型量表与工作满意度相关系数范围为 -0.36~-0.33，领导者追随反原型量表与领导—成员交换相关系数范围为 -0.41~-0.28，领导者追随反原型量表与组织公民行为相关系数范围为 -0.36~-0.28。

从以上相关系数分析，本书开发的领导者追随反原型量表和 Sy（2010）开发的领导者追随反原型量表均与绩效、工作满意度、领导—成员交换和组织公民行为相关。但是，较之 Sy（2010）所开发的量表，本书所开发的领导者追随反原型量表与效标相关性更高。

表 5-11　领导者追随反原型与绩效、工作满意度、领导—成员交换和组织公民行为的相关性

		绩效	工作满意度	领导一成员交换	组织公民行为
中国情境下的追随反原型量表	不称职	−0.42**	−0.40**	−0.36**	−0.42*
	对抗激进	−0.43**	−0.38*	−0.36**	−0.33**
	消极被动	−0.42**	−0.42**	−0.32**	−0.34**
	低社交敏锐	−0.30*	−0.52**	−0.46**	−0.32*
Sy 的追随反原型量表	从众	−0.40**	−0.35**	−0.37**	−0.31**
	不称职	−0.32*	−0.36**	−0.41**	−0.28*
	不顺从	−0.28**	−0.33**	−0.28**	−0.36**

注：*** 代表 $p<0.001$，** 代表 $p<0.01$，* 代表 $p<0.05$。

5.4　领导者追随反原型量表开发的研究结果与意义

5.4.1　研究结果

基于文献回顾，总结现有国内外领导者追随反原型量表，使用扎根理论构建初始量表，辅以定量研究加以提纯，最终开发了基于中国情境下，包含 4 个因子、12 个题项的量表。4 个因子含义如下：

第一，“不称职”因子的含义。不称职是员工难以做到保质保量地完成任务，其工作绩效处于一般水平，无法超越他人。

第二，“对抗激进”因子的含义。对抗激进是指不能完全服从领导工作安排、遵照命令执行（Carsten & Uhl-bien,2010），而且行为方式极端，尤指无法维护领导“面子”（周文杰等，2015），与领导“唱反调”。

第三，“消极被动”因子的含义。消极被动指不能主动适应变化，不愿主动参与工作，更难以提出建设性反馈，也难以自主寻找工作方法并

完成工作。

第四，“低社交敏锐”因子的含义。低社交敏锐指个体难以进行良好的情绪管理，无法与领导及同事进行书面和口头沟通，以获取支持与合作。在中国情境下，尤指意会他人真实意图的能力较低。另外，本书中情绪管理，不仅强调自处，更强调因缺乏有效的自我情绪感知与调整，而导致的不良人际关系问题。

综上，本书开发的领导者追随反原型量表与 Sy（2010）开发的量表在因子数量及因子内容上均存在差异。具体而言，从数量方面分析，本书开发的领导者追随反原型量表包括 4 个因子，而 Sy（2010）开发的量表包括 3 个因子。从因子内容方面分析，本书所开发的量表包括了不称职、对抗激进、消极被动及低社交敏锐，而 Sy（2010）开发的量表包括从众、不称职及不顺从。但是，二者均发现了“不称职”这一因子，说明“不称职”这一特征是中西方工作情境下均无法接受的员工特质。

另外，本书开发的领导者追随反原型量表发现了具有中国鲜明特质的独立因子——低社交敏锐，该因子背后所暗含的内容（集体主义、和谐、面子、高语境文化）恰恰体现了中国典型文化。另外，该因子的发现进一步证明了，立足于文化主位对追随反原型的研究，将能更加全面地解释追随反原型在中国的框架。

5.4.2　研究意义

中国情境下领导者追随反原型量表的开发，其主要意义在于：第一，证明了中西文化差异下，中国情境下的本土量表与西方量表存在内容和结构上的差异。第二，发现了具有典型中国文化特质的影响因子，说明了立足于文化本位的研究更为有效。第三，为本书后续的模型验证及未来在中国情境下研究领导者追随反原型提供测量工具。第四，响应了国外学者对领导者追随反原型研究议题的跨文化研究呼吁，也响应了国内学者对于领导者追随反原型量表开发的呼吁。本书所开发量表的具体特点如下：

其一，中西方领导者追随反原型量表存在内容上的差异。

Sy（2010）提出的领导者追随反原型包括 3 个因子（从众、不称职及不顺从），Junker（2016）等提出的非理想追随者包括 9 个因子（低胜任力、消极被动、情绪易怒、简单粗鲁、漠然、反抗、缺乏合作、恶毒、激进），而本书则发现了 4 个因子（不称职、对抗激进、消极被动及低社交敏锐）。当然，即使本书所开发量表与西方量表存在内容交叉，但是也发现了“低社交敏锐”这一独特因子。

其二，发现了能够体现中国特质的“低社交敏锐”因子。

“低社交敏锐”包含了不能够“自我管理情绪”这一内容。在中国情境下，之所以强调组织中的个体需要管控自身的情绪，主要是为了维护和谐的人际关系，而和谐的人际关系背后则是“集体主义”的作用。根据 Hofstede 文化理论模型，中国是推崇“集体主义”的国家，人与人之间需要避免矛盾冲突，以保持和谐的关系（李燕萍、徐嘉，2014）。所以，在工作情境下，个体若不具备管控自身情绪的能力，将破坏和谐的人际关系，也可能在情绪失控下，伤及他人“面子”（周凌、张绍杰，2015）。所以，中国人在人际交往过程中，必须考虑周全，以免因情绪管控失误而给他人带来不适感。当然，这也间接反映了中国人为人处世中的“利他”原则。

“低社交敏锐”也包含了不能够“意会领导和同事意图”这一内容。这是由于中国是典型的“高语境文化”国家，个体之间的沟通往往使用较隐晦的语言或者较委婉的表达方式，即“只可意会，不可言传”。工作情境下，领导与下属之间及同事之间，往往并不直接表达信息，这便需要听者能够体会其中深意。周文杰等（2015）提出了中国情境下的有效追随力维度，“意图领会”则为六个维度之一。由此可见，“意会领导及同事意图”为中国情境下职场的基本胜任力。

其三，发现了与国外代表量表相同或相似的因子，但本书开发量表的因子具有特殊含义，如“不称职”和“对抗激进”。

本书中的“不称职”因子包括了无法达成满意工作结果的含义。“不称职”既是对员工个体素质的客观描述，也是对无法达成满意工作结果的表达。这一点与中国人强调的“实用主义”价值观达成匹配。“实用主义”是中国人评判事物和行事决策的基本方法论（潘煜等，2014）。

泛化至工作情境下，则意味着员工需要能够达成令组织满意的工作成果，才能被称为具备工作胜任力。所以，“不称职”这一因子不仅强调行为过程的无法胜任，同时也暗含着结果导向，即无法产生有利于组织的“结果”。

“对抗激进”这一因子与 Sy（2010）所提出的“不顺从”以及 Junker（2016）提出的“反抗”“激进”因子存在相似之处。但是，本量表中“对抗激进”则更加强调不遵照领导安排工作，不能维护领导面子和权威。由于中国人深受中国儒家传统文化的影响，因此中国情境下的“对抗激进”与西方所指则有所不同。儒家思想包括了“仁、义、礼、智、信”，其中“礼”强调的是“五伦”，即君为臣纲、父为子纲、夫为妻纲、长幼有序、新旧有别。“五伦”中反映了五种关系，然而君臣、父子、夫妻、长幼均存在非平等关系。中国人在幼年便开始接受这种观念，所以，这种传统价值观已经深深植入中国人的价值体系。而在工作情境中，上级与下级的非平等关系也被欣然接受，表现为下属自愿追随上级、崇拜上级，实际则为下属追随及崇拜权威（王庆娟、张金成，2012）。当然，这种差异也深受中国高权力距离文化的影响（Hofstede，1980）。即使中国当下的权力距离在逐渐降低，但是较之西方国家，中国组织内部权力距离导向更高（李浩澜等，2015；张银普等，2016），下属习惯于对上级保持敬畏和服从（Wei et al.，2010）。

5.5 本章小结

本章的主要目的在于回顾已有领导者追随反原型的结构，开发适合中国情境下的领导者追随反原型量表，然后与国外代表性领导者追随反原型量表进行效度比较。本章主要结论如下：

（1）中国情境下的领导者追随反原型量表具有 4 个因子（不称职、对抗激进、消极对抗及低社交敏锐）以及 12 个题项。

（2）与 Sy（2010）提出的量表相比，在中国情境下，本书开发的领导者追随反原型量表效度更高。

（3）本量表开发的意义在于，确认了中外领导者追随反原型结构差异，同时发现了具有典型的中国文化特征的因子，它既为本书提供了本土测量量表，也为未来在中国继续探究追随反原型提供了研究工具，同时也响应了国内外学者对追随反原型进行跨文化研究的呼吁。

第 6 章

大样本调研与假设检验

6.1 问卷发放与回收

问卷设计所采用的量表均为英文语境下开发，对于已有中国学者进行翻译和修订的创造力量表、社会自我效能感量表及工作激情量表则采用中文版本。对于尚未修订的追随反原型量表则采用本书开发的中国情境下的领导者追随反原型量表。除人口统计学变量外，其他变量均采用 Likert7 点计分法，1 表示强烈不同意，7 表示强烈同意。

第一，本书中对创造力的测量采用的是 Madjar 等（2011）编制的 6 条目量表，国内研究也支持了该量表在不同群体中都具有适用性。此研究中，该量表由新生代员工基于 Likert7 点计分法进行评价，样本题项包括“员工常常提出有高度创造性的新想法、新点子”。本书中该量表的信度为 0.75。

第二，对社会自我效能感的测量采用 Fan（2013）等开发的社会自我效能感问卷（PCQ），该量表包括 4 个维度：社交聚会、公众表现、寻求与提供帮助、冲突管理，基于此开发了 22 个题项的问卷。此研究中，该量表由新生代员工基于 Likert7 点计分法进行评价。样本题目包括“我对邀请共事者参加办公室同事生日聚会持有信心”。本书中该量表的信度为 0.82。

第三，对工作激情的测量使用 Vallerand 等（2003）开发的工作激情问卷量表，该量表共 19 个题项，其中 14 个题项是测量企业员工在目前工作状况下和谐型激情与强迫型激情现状，另外 5 个条目是测量激情标准，用于判断追随者是否具有工作激情。结合本书的研究，使用前者——14 个题项进行测量，该量表由新生代员工基于 Likert7 点计分法进行评价。样本题目包括“我在工作上花费大量的时间”。本书中该量表的信度为 0.84。

第四，对于领导者追随反原型的测量量表的选择，国内学者均采用 Sy（2010）开发的反原型量表。但是内隐理论易因文化差异而产生不同，故本研究采用中国情境下自行开发的领导者追随反原型量表。

第五，已有研究表明，追随者的背景变量（如年龄、教育背景、性别）会影响追随者的工作态度和工作行为。因此，在研究中对这些变量进行了控制，并对年龄、学历、性别进行编码，例如，教育背景“1= 专科及以下，2= 本科，3= 硕士研究生，4= 博士研究生”。

本书的数据采集自辽宁、吉林两省的 10 家企业（所调研单位均为全国性企业，在辽宁省或者吉林省设立分公司，管理者来自不同省份）。所调查对象包括新生代员工及其领导者，并对二者进行了配对和编码。在问卷发放前，研究者联系企业人力资源部，在征得其同意后，说明了调查目的和程序。在调查实施过程中，企业新生代员工及其领导者了解调查目的、调查的匿名性和保密性后，自愿填写调查问卷，调查问卷当场发放，并在当天立即回收。对于部分愿意参与调研，而未在现场的员工及领导者，则采用网络调研问卷发放的形式。为了减少同源偏差，本调查分两次进行，时间间隔为 2 个月。第一个时间点测量了领导者追随反原型和新生代员工社会自我效能感，第二个时间点测量了新生代员工工作激情和创造力。

在第一次调研中，对领导者和新生代员工分别发出调查问卷 600 份，回收有效配对问卷 503 份，回收率为 83.8%。在第二次调研中，对有效填写了第一次调研中的 503 名新生代员工再次发放问卷，回收有效问卷 372 份，回收率为 74.0%。因此，研究样本由 372 份新生代员工问卷和配对的 372 份领导者问卷构成，剔除无效问卷 42 份，有效问卷 330 份，有效率为 88.7%。

在领导者样本中，男性占 62.2%，女性占 37.8%；年龄方面，30 岁以下占9.6%，30～40岁占55.3%，40～50岁占20.4%，50岁以上占14.7%；教育背景方面，专科及以下占26.8%，本科占66.8%，硕士研究生及以上占6.4%。在新生代员工样本中，男性占61.7%，女性占38.3%；年龄方面，30岁以下占54.7%，30～40岁占45.3%；教育背景方面，专科及以下占25.5%，本科占64.2%，硕士研究生及以上占10.3%。

6.2　描述性分析

使用SPSS19.0进行描述性统计分析，表6-1总结了各个变量的均值、标准差和相关系数。领导者追随反原型与工作激情（r=-0.48，p<0.01）和新生代员工创造力（r=-0.43，p<0.01）显著负相关。社会自我效能感与工作激情（r=0.28，p<0.05）和新生代员工创造力（r=0.43，p<0.01）显著正相关。同时，工作激情与新生代员工创造力（r=0.42，p<0.01）显著正相关。此外，年龄（r=0.08）、教育背景（r=0.05）与社会自我效能感均显著正相关。性别（r=0.40）与领导者追随反原型显著正相关。

表6-1　描述性统计结果

变量	M	SD	1	2	3	4	5	6	7
1. 年龄	2.66	0.94	1.00						
2. 教育背景	2.55	0.75	-0.06	1.00					
3. 性别	1.12	0.51	-0.03	0.01	1.00				
4. 领导者追随反原型	4.30	1.29	0.04	0.03	0.04*	1.00			
5. 社会自我效能感	3.68	1.23	0.08*	0.04*	0.05	0.02	1.00		
6. 工作激情	3.71	1.25	0.02	0.09	-0.04	-0.48**	0.28*	1.00	
7. 新生代员工创造力	4.02	1.04	0.01	0.10*	-0.05	-0.43**	0.43**	0.42**	1.00

注：*** 代表p<0.001，** 代表p<0.01，* 代表p<0.05。

6.3 信度检验

为了考察问卷信度，使用 CITC 及 Cronbach's α 系数进行评估。从表 6-2 中可以发现，CITC 均大于 0.3，而 Cronbach's α 系数均大于 0.7。所以，以上量表通过了信度检验。

表 6-2 各变量的信度检验

量表		题项	CITC	删除该题项后的 Cronbach's α 系数	分量表的 Cronbach's α 系数	总量表的 Cronbach's α 系数
领导者追随反原型	不称职	FAP1	0.754	0.733	0.832	0.886
		FAP2	0.685	0.741		
		FAP3	0.721	0.823		
	对抗激进	FAP4	0.562	0.732	0.786	
		FAP5	0.557	0.671		
		FAP6	0.667	0.731		
	消极被动	FAP7	0.672	0.723	0.851	
		FAP8	0.711	0.783		
		FAP9	0.645	0.832		
创造力	低社交敏锐	FAP10	0.617	0.881	0.883	0.851
		FAP11	0.722	0.831		
		FAP12	0.649	0.782		
	渐进性创造力	C1	0.557	0.823	0842	
		C2	0.702	0.816		
		C3	0.616	0.834		
	突破性创造力	C4	0.572	0.733	0.802	
		C5	0.713	0.775		
		C6	0.682	0.782		
工作激情	和谐型工作激情	WP1	0.643	0.834	0.810	0.816
		WP2	0.636	0.815		
		WP3	0.574	0.833		
		WP4	0.672	0.812		

续表

量表		题项	CITC	删除该题项后的Cronbach's α系数	分量表的Cronbach's α系数	总量表的Cronbach's α系数
工作激情	和谐型工作激情	WP5	0.661	0.792	0.810	0.816
		WP6	0.631	0.811		
		WP7	0.621	0.778		
	强迫型工作激情	WP8	0.663	0.791	0.825	
		WP9	0.617	0.812		
		WP10	0.573	0.782		
		WP11	0.721	0.773		
		WP12	0.623	0.711		
		WP13	0.661	0.821		
		WP14	0.621	0.766		
社会自我效能感	社交聚会	SSE1	0.631	0.763	0.841	0.857
		SSE2	0.527	0.752		
		SSE3	0.571	0.836		
		SSE4	0.654	0.786		
		SSE5	0.661	0.743		
		SSE6	0.625	0.720		
	公众表现	SSE7	0.723	0.772	0.823	
		SSE8	0.546	0.810		
		SSE9	0.626	0.783		
		SSE10	0.655	0.735		
		SSE11	0.683	0.772		
		SSE12	0.642	0.771		
	寻求与提供帮助	SSE13	0.661	0.743	0.816	
		SSE14	0.731	0.773		
		SSE15	0.682	0.731		
		SSE16	0.633	0.755		
		SSE17	0.721	0.762		
	冲突管理	SSE18	0.671	0.716	0.833	
		SSE19	0.653	0.734		
		SSE20	0.691	0.781		
		SSE21	0.723	0.756		
		SSE22	0.662	0.735		

6.4 效度检验

6.4.1 共同方法偏差检验

由于本书中的自变量、因变量、中介变量和调节变量均来自自我报告，可能存在共同方法偏差问题，因而使用 AMOS24.0 进行了 Harman 单因素检验。探索性因子分析表明，在未旋转的情况下出现了 4 个因子，且第一因子的方差解释力为 33.34%，说明不存在严重的共同方法偏差问题。

6.4.2 变量区分效度检验

为了验证"领导者追随反原型""社会自我效能感""工作激情"和"创造力"的区分效度，采用 AMOS24.0 对关键变量进行验证性因子分析。如表 6-3 所示，包含了领导者追随反原型、社会自我能感、工作激情和新生代员工创造力的 4 因子结构拟合较好（$\chi^2/df = 1.27$, CFI = 0.97, TLI = 0.96, RMSEA = 0.04）。而因子合并后的 3 因子模型、2 因子模型和 1 因子模型结构均不可接受。因此，该研究所涉及的 4 因子模型的区分效度更好。

表 6-3 验证性因子分析结果

模型	$\chi2$	df	$\chi2/df$	CFI	TLI	RMSEA
4 因子模型 FAP，SS，WP，EC	935.36	734	1.27	0.97	0.96	0.04
3 因子模型 FAP+ SS，WP，EC	2253.46	737	3.06	0.75	0.73	0.10
2 因子模型 FAP+SS+WP，EC	2268.54	739	3.07	0.74	0.73	0.10
1 因子模型 FAP+SS +WP +EC	2270.40	740	3.07	0.74	0.73	0.10

6.5　主效应结构方程模型分析

6.5.1　主效应检验

首先，检验领导者追随反原型对新生代员工创造力的直接影响。构建领导者追随反原型与新生代员工创造力模型（见图 6–1），进行二者关系的模型分析。拟合结果与整体模型适配度评价标准进行对比（见表 6–4）（吴明隆，2010），发现模型具有较理想的适配度（见表 6–5），χ^2/df值为 1.309，小于标准值 2；RMSEA 值为 0.037，小于标准值 0.05；GFI、IFI、TLI、CFI 的值均大于标准值 0.9，NFI 值为 0.885，大于 0.8，以上指标均达到模型标准适配度评价标准。

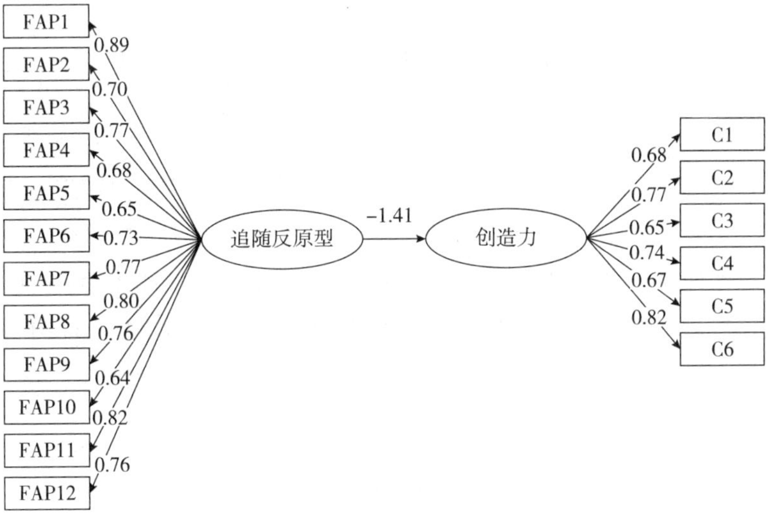

图 6–1　主效应结构模型

表 6-4 结构方程整体模型适配度的评价指标及标准

类型	统计检验量	临界值及评价标准	
		适配良好	适配合理
绝对适配指数	χ^2/df	<2	<5
	RMSEA	<0.05	<0.08
	GFI	>0.9	>0.8
增值适配指标	NFI	>0.9	>0.8
	IFI	>0.9	>0.8
	TLI	>0.9	>0.8
	CFI	>0.9	>0.8

表 6-5 主效应结构模型拟合指标值

χ^2/df	RMSEA	GFI	NFI	IFI	TLI	CFI
1.309	0.037	0.917	0.885	0.970	0.966	0.970

表 6-6 主效应模型检验结果

变量间关系	路径系数	P 值	影响效果	假设	结论
领导者追随反原型→新生代员工创造力	-1.41***	<0.001	显著负向	H1	成立

注：*** 代表 $p<0.001$，** 代表 $p<0.01$，* 代表 $p<0.05$。

结构模型的路径系数统计结果如表 6-6 所示。该结构模型中领导者追随反原型与新生代员工创造力之间的路径系数为 -1.41（$p<0.001$），说明领导者追随反原型负向影响新生代员工创造力，H1 得到验证。

6.5.2 主效应变量间的各维度效应检验

进一步检验领导者追随反原型各维度对新生代员工创造力各维度的直接影响。构建领导者追随反原型各维度与新生代员工创造力各维度的结构模型（见图 6-2），对领导者追随反原型 4 个维度与新生代员工创造力 2 个维度关系进行分析。拟合结果表明，该模型具有较为理想的适配度（见表 6–7），χ^2/df 值为 1.725，小于标准值 2；RMSEA 值为 0.045，小于标准值 0.05；GFI、NFI、IFI、TLI、CFI 的值均大于标准值 0.8，以上指标均达到模型标准适配度评价标准。

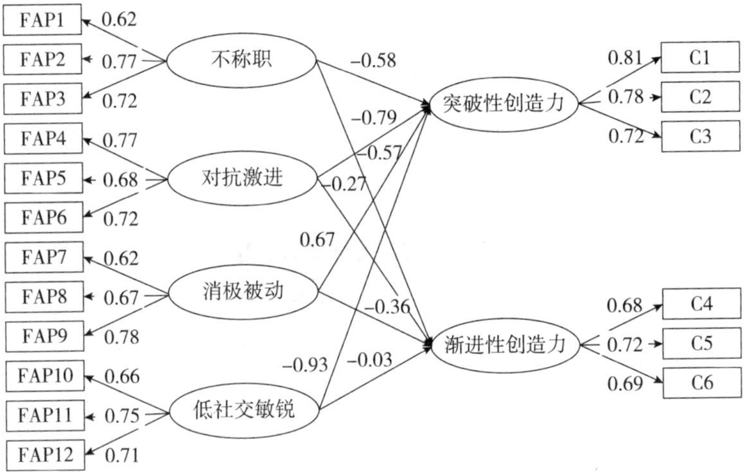

图 6–2 主效应变量间各维度的结构模型

表 6–7 主效应变量间各维度的结构模型拟合指标值

χ^2/df	RMSEA	GFI	NFI	IFI	TLI	CFI
1.725	0.045	0.886	0.809	0.852	0.896	0.847

结构模型的路径系数统计结果如表 6–8 所示。该结构模型中不称职与突破性创造力的路径系数为 –0.58（$p<0.001$），说明领导者对新生代员工的不称职认知显著负向影响新生代员工的突破性创造力，H1–1 成立；对抗激进与突破性创造力的路径系数为 –0.79（$p<0.001$），说明领导者对新生代员工的对抗激进认知显著负向影响新生代员工的突破性创造力，H1–2 成立；消极被动与突破性创造力的路径系数为 0.67（$p<0.001$），说明领导者对新生代员工的消极被动认知显著正向影响新生代员工的突破性创造力，H1–3 不成立；低社交敏锐与突破性创造力的路径系数为 –0.93（$p<0.001$），说明领导者对新生代员工的低社交敏锐认知显著负向影响新生代员工的突破性创造力，H1–4 成立；不称职与渐进性创造力的路径系数为 –0.57（$p<0.001$），说明领导者对新生代员工的不称职认知显著负向

影响新生代员工的渐进性创造力，H1-5 成立；对抗激进与渐进性创造力的路径系数为 −0.27（$p<0.001$），说明领导者对新生代员工的对抗激进认知显著负向影响新生代员工的渐进性创造力，H1-6 成立；消极被动与渐进性创造力的路径系数为 −0.36（$p<0.001$），说明领导者对新生代员工的消极被动认知显著负向影响新生代员工的渐进性创造力，H1-7 成立；低社交敏锐与渐进性创造力的路径系数为 −0.03（$p<0.05$），说明领导者对新生代员工的低社交敏锐认知显著负向影响新生代员工的渐进性创造力，H1-8 成立。

表 6-8　主效应变量间各维度的模型检验结果

变量间关系	路径系数	P 值	影响效果	假设	结论
不称职→突破性创造力	−0.58***	<0.001	显著负向	H1-1	成立
对抗激进→突破性创造力	−0.79***	<0.001	显著负向	H1-2	成立
消极被动→突破性创造力	0.67***	<0.001	显著正向	H1-3	不成立
低社交敏锐→突破性创造力	−0.93***	<0.001	显著负向	H1-4	成立
不称职→渐进性创造力	−0.57***	<0.001	显著负向	H1-5	成立
对抗激进→渐进性创造力	−0.27***	<0.001	显著负向	H1-6	成立
消极被动→渐进性创造力	−0.36***	<0.001	显著负向	H1-7	成立
低社交敏锐→渐进性创造力	−0.03*	<0.05	显著负向	H1-8	成立

注：*** 代表 $p<0.001$，** 代表 $p<0.01$，* 代表 $p<0.05$。

6.6　工作激情的中介效应检验

6.6.1　中介效应检验

中介变量可以解释自变量影响因变量的过程机制。基于结构方程模型，通过路径分析检验中介效应，包括检验工作激情在领导者追随反原型与新生代员工创造力之间的中介作用，以及工作激情各维度的中介作用。

检验工作激情在领导者追随反原型与新生代员工创造力之间的中介作用。构建工作激情在领导者追随反原型与新生代员工创造力之间中介作用的结构模型（见图 6-3）。拟合结果表明，该模型具有较理想的适配度（见表 6-9），χ^2/df 值为 1.578，小于标准值 2；RMSEA 值为 0.048，小于标准值 0.05；GFI、IFI、TLI、CFI 的值均大于标准值 0.9，NFI 的值大于 0.8，以上指标均达到模型标准适配度评价标准。

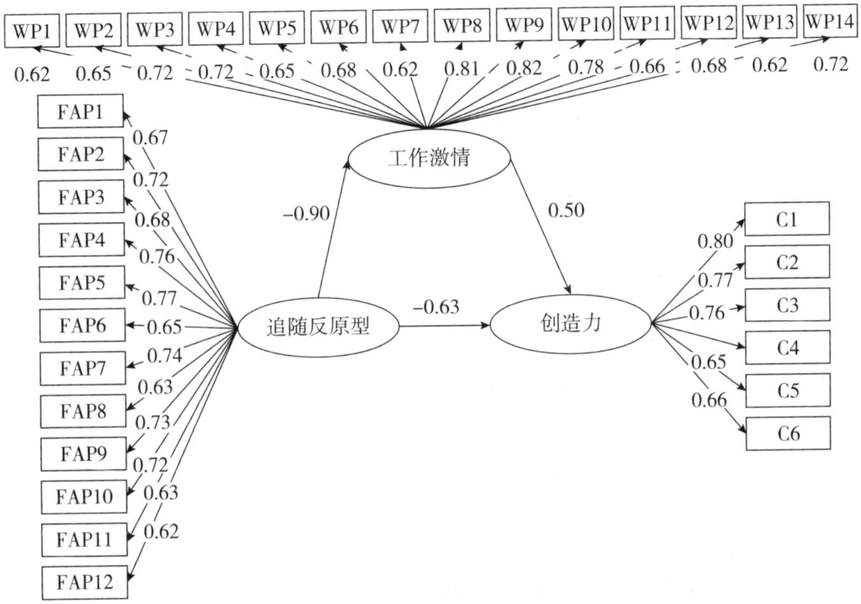

图 6-3 工作激情的中介作用模型

表 6-9 工作激情中介作用的结构方程模型拟合指标值

χ^2/df	RMSEA	GFI	NFI	IFI	TLI	CFI
1.578	0.048	0.926	0.898	0.960	0.957	0.960

对假设的检验使用 AMOS24.0 进行中介检验。工作激情的中介作用检验结果如表 6-10 所示，领导者追随反原型显著影响工作激情（r=−0.90，p<0.001），假设 2 得到验证；工作激情显著影响新生代员工创造力（r=0.50，p<0.001）；领导者追随反原型通过工作激情影响新生代员工创造力的中介效应值为 −0.45。另外，领导者追随反原型显著影响新生代员工创造力（r=−0.63，p<0.001），即直接效应为 −0.63。综上所述，工作激情在领导者追随反原型与创造力中起到中介作用，假设 3 得到验证。

表 6-10　工作激情的中介作用检验结果

变量间关系	前半段路径系数	后半段路径系数	中介系数	假设	结论
追随反原型→工作激情→创造力	-0.90***	0.50***	-0.45***	H2、H3	成立

注：*** 代表 $p<0.001$，** 代表 $p<0.01$。

6.6.2　各维度的中介效应检验

检验工作激情各维度在领导者追随反原型各维度与新生代员工创造力各维度之间的中介作用，构建工作激情各维度在领导者追随反原型各维度与新生代员工创造力各维度之间中介作用的结构模型如图 6-4 所示。拟合结果表明，该模型具有较理想的适配度（见表 6-11），χ^2/df 值为 1.828，小于标准值 2；RMSEA 值为 0.049，小于标准值 0.05；GFI、IFI、CFI 的值均大于标准值 0.9，NFI、TLI 的值大于 0.8，以上指标均达到模型标准适配度评价标准。

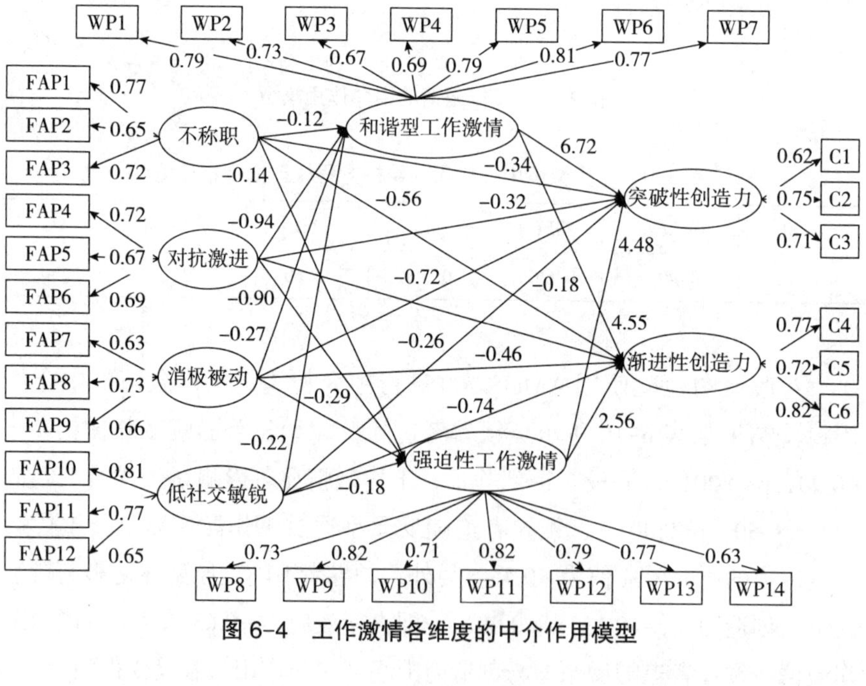

图 6-4　工作激情各维度的中介作用模型

表 6-11 工作激情各维度中介作用的结构方程模型拟合指标值

χ^2/df	RMSEA	GFI	NFI	IFI	TLI	CFI
1.828	0.049	0.926	0.830	0.904	0.892	0.903

对假设的检验使用 AMOS24.0 进行中介检验。工作激情各维度的中介作用检验结果如表 6-12 所示。领导者对新生代员工不称职认知显著影响和谐型工作激情（r=-0.12，p<0.01），和谐型工作激情显著影响新生代员工突破性创造力（r=6.72，p<0.05）。领导者对新生代员工不称职认知通过和谐型工作激情影响新生代员工突破性创造力的中介效应值为 -0.81。领导者对新生代员工不称职认知显著影响新生代员工突破性创造力（r=-0.34，p<0.05），即直接效应为 -0.34。综上所述，和谐型工作激情在领导者对新生代员工不称职认知与新生代员工突破性创造力之间起到中介作用，H3-1 得到验证。

领导者对新生代员工不称职认知显著影响和谐型工作激情（r=-0.12，p<0.01），和谐型工作激情显著影响新生代员工渐进性创造力（r=4.55，p<0.05）。领导者对新生代员工不称职认知通过和谐型工作激情影响新生代员工渐进性创造力的中介效应值为 -0.55。领导者对新生代员工不称职认知显著影响新生代员工渐进性创造力（r=-0.07，p<0.05），即直接效应为 -0.56。综上所述，和谐型工作激情在领导者对新生代员工不称职认知与新生代员工渐进性创造力之间起到中介作用，H3-2 得到验证。

领导者对新生代员工不称职认知显著影响强迫型工作激情（r=-0.14，p<0.05），强迫型工作激情显著影响新生代员工突破性创造力（r=4.48，p<0.01）。领导者对新生代员工不称职认知通过强迫型工作激情影响新生代员工突破性创造力的中介效应值为 -0.63。领导者对新生代员工不称职认知显著影响新生代员工突破性创造力（r=-0.34，p<0.05），即直接效应为 -0.34。综上所述，强迫型工作激情在领导者对新生代员工不称职认知与新生代员工突破性创造力之间起到中介作用，H3-3 得到验证。

领导者对新生代员工不称职认知显著影响强迫型工作激情（r=-0.14，p<0.05），强迫型工作激情显著影响新生代员工渐进性创造力（r=2.56，p<0.05）。领导者对新生代员工不称职认知通过强迫型工作激情

影响新生代员工渐进性创造力的中介效应值为 -0.36。领导者对新生代员工不称职认知显著影响新生代员工渐进性创造力（$r=-0.07$，$p<0.05$），即直接效应为 -0.56。综上所述，强迫型工作激情在领导者对新生代员工不称职认知与新生代员工渐进性创造力之间起到中介作用，H3-4 得到验证。

领导者对新生代员工对抗激进认知显著影响和谐型工作激情（$r=-0.94$，$p<0.05$），和谐型工作激情显著影响新生代员工突破性创造力（$r=6.72$，$p<0.05$）。领导者对新生代员工对抗激进认知通过和谐型工作激情影响新生代员工突破性创造力的中介效应值为 -6.32。领导者对新生代员工对抗激进认知显著影响新生代员工突破性创造力（$r=-1.50$，$p<0.05$），即直接效应为 -0.32。综上所述，和谐型工作激情在领导者对新生代员工对抗激进认知与新生代员工突破性创造力之间起到中介作用，H3-5 得到验证。

领导者对新生代员工对抗激进认知显著影响和谐型工作激情（$r=-0.94$，$p<0.05$），和谐型工作激情显著影响新生代员工渐进性创造力（$r=4.55$，$p<0.05$）。领导者对新生代员工对抗激进认知通过和谐型工作激情影响新生代员工渐进性创造力的中介效应值为 -4.28。领导者对新生代员工对抗激进认知显著影响新生代员工渐进性创造力（$r=-0.26$，$p<0.05$），即直接效应为 -0.26。综上所述，和谐型工作激情在领导者对新生代员工对抗激进认知与新生代员工渐进性创造力之间起到中介作用，H3-6 得到验证。

领导者对新生代员工对抗激进认知显著影响强迫型工作激情（$r=-0.90$，$p<0.05$），强迫型工作激情显著影响新生代员工突破性创造力（$r=4.48$，$p<0.01$）。领导者对新生代员工对抗激进认知通过强迫型工作激情影响新生代员工突破性创造力的中介效应值为 -4.03。领导者对新生代员工对抗激进认知显著影响新生代员工突破性创造力（$r=-1.50$，$p<0.05$），即直接效应为 -0.32。综上所述，强迫型工作激情在领导者对新生代员工对抗激进认知与新生代员工突破性创造力之间起到中介作用，H3-7 得到验证。

领导者对新生代员工对抗激进认知显著影响强迫型工作激情（$r=-0.90$，$p<0.05$），强迫型工作激情显著影响新生代员工渐进性创造

力（$r=2.56$，$p<0.05$）。领导者对新生代员工对抗激进认知通过强迫型工作激情影响新生代员工渐进性创造力的中介效应值为 –2.30。领导者对新生代员工对抗激进认知显著影响新生代员工渐进性创造力（$r=-0.26$，$p<0.05$），即直接效应为 –0.26。综上所述，强迫型工作激情在领导者对新生代员工对抗激进认知与新生代员工渐进性创造力之间起到中介作用，H3–8 得到验证。

领导者对新生代员工消极被动认知显著影响和谐型工作激情（$r=-0.27$，$p<0.05$），和谐型工作激情显著影响新生代员工突破性创造力（$r=6.72$，$p<0.05$）。领导者对新生代员工消极被动认知通过和谐型工作激情影响新生代员工突破性创造力的中介效应值为 –1.81。领导者对新生代员工消极被动认知显著影响新生代员工突破性创造力（$r=-0.34$，$p<0.05$），即直接效应为 –0.72。综上所述，和谐型工作激情在领导者对新生代员工消极被动认知与新生代员工突破性创造力之间起到中介作用，H3–9 得到验证。

领导者对新生代员工消极被动认知显著影响和谐型工作激情（$r=-0.27$，$p<0.05$），和谐型工作激情显著影响新生代员工渐进性创造力（$r=4.55$，$p<0.05$）。领导者对新生代员工消极被动认知通过和谐型工作激情影响新生代员工渐进性创造力的中介效应值为 –1.23。领导者对新生代员工消极被动认知显著影响新生代员工渐进性创造力（$r=-0.18$，$p<0.05$），即直接效应为 –0.46。综上所述，和谐型工作激情在领导者对新生代员工消极被动认知与新生代员工渐进性创造力之间起到中介作用，H3–10 得到验证。

领导者对新生代员工消极被动认知影响强迫型工作激情（$r=-0.29$）并不显著，强迫型工作激情显著影响新生代员工突破性创造力（$r=4.48$，$p<0.01$）。领导者对新生代员工消极被动认知通过强迫型工作激情影响新生代员工突破性创造力的中介效应值为 –1.30，但是该数值并不显著。领导者对新生代员工消极被动认知显著影响新生代员工突破性创造力（$r=-0.34$，$p<0.05$），即直接效应为 –0.72。综上所述，强迫型工作激情在领导者对新生代员工消极被动认知与新生代员工突破性创造力之间起到中介作用的假设不成立，H3–11 未得到验证。

领导者对新生代员工消极被动认知影响强迫型工作激情（$r=-0.29$）并不显著，强迫型工作激情显著影响新生代员工渐进性创造力（$r=2.56$，$p<0.05$）。领导者对新生代员工消极被动认知通过强迫型工作激情影响新生代员工渐进性创造力的中介效应值为 −0.74，但是该数值并不显著。领导者对新生代员工消极被动认知显著影响新生代员工渐进性创造力（$r=-0.18$，$p<0.05$），即直接效应为 −0.46。综上所述，强迫型工作激情在领导者对新生代员工消极被动认知与新生代员工渐进性创造力之间起到中介作用不成立，H3−12 未得到验证。

领导者对新生代员工低社交敏锐认知显著影响和谐型工作激情（$r=-0.22$，$p<0.05$），和谐型工作激情显著影响新生代员工突破性创造力（$r=6.72$，$p<0.05$）。领导者对新生代员工低社交敏锐认知通过和谐型工作激情影响新生代员工突破性创造力的中介效应值为 −1.48。领导者对新生代员工低社交敏锐认知显著影响新生代员工突破性创造力（$r=-1.01$，$p<0.05$），即直接效应为 −0.18。综上所述，和谐型工作激情在领导者对新生代员工低社交敏锐认知与新生代员工突破性创造力之间起到中介作用，H3−13 得到验证。

领导者对新生代员工低社交敏锐认知显著影响和谐型工作激情（$r=-0.22$，$p<0.05$），和谐型工作激情显著影响新生代员工渐进性创造力（$r=4.55$，$p<0.05$）。领导者对新生代员工低社交敏锐认知通过和谐型工作激情影响新生代员工渐进性创造力的中介效应值为 −1.00。领导者对新生代员工低社交敏锐认知显著影响新生代员工渐进性创造力（$r=-0.50$，$p<0.05$），即直接效应为 −0.74。综上所述，和谐型工作激情在领导者对新生代员工低社交敏锐认知与新生代员工渐进性创造力之间起到中介作用，H3−14 得到验证。

领导者对新生代员工低社交敏锐认知显著影响强迫型工作激情（$r=-0.18$，$p<0.05$），强迫型工作激情显著影响新生代员工突破性创造力（$r=4.48$，$p<0.01$）。领导者对新生代员工低社交敏锐认知通过强迫型工作激情影响新生代员工突破性创造力的中介效应值为 −0.81。领导者对新生代员工低社交敏锐认知显著影响新生代员工突破性创造力（$r=-1.01$，$p<0.05$），即直接效应为 −0.18。综上所述，强迫型工作激情在领导者对

新生代员工低社交敏锐认知与新生代员工突破性创造力之间起到中介作用，H3–15 得到验证。

领导者对新生代员工低社交敏锐认知显著影响强迫型工作激情（r=–0.18，p<0.05），强迫型工作激情显著影响新生代员工渐进性创造力（r=2.56，p<0.05）。领导者对新生代员工低社交敏锐认知通过强迫型工作激情影响新生代员工渐进性创造力的中介效应值为 –0.46。领导者对新生代员工低社交敏锐认知显著影响新生代员工渐进性创造力（r=–0.50，p<0.05），即直接效应为 –0.74。综上所述，强迫型工作激情在领导者对新生代员工低社交敏锐认知与新生代员工渐进性创造力之间起到中介作用，H3–16 得到验证。

表 6–12　工作激情各维度的中介作用检验结果

变量间关系	前半段路径系数	后半段路径系数	中介系数	假设	结论
不称职→和谐型工作激情→突破性创造力	–0.12**	6.72*	–0.81*	H2–1 H3–1	成立
不称职→和谐型工作激情→新生代员工渐进性创造力	–0.12**	4.55*	–0.55*	H2–1 H3–2	成立
不称职→强迫型工作激情→突破性创造力	–0.14*	4.48**	–0.63*	H2–5 H3–3	成立
不称职→强迫型工作激情→新生代员工渐进性创造力	–0.14*	2.56*	–0.36*	H2–5 H3–4	成立
对抗激进→和谐型工作激情→突破性创造力	–0.94*	6.72*	–6.32*	H2–2 H3–5	成立
对抗激进→和谐型工作激情→新生代员工渐进性创造力	–0.94*	4.55*	–4.28*	H2–2 H3–6	成立
对抗激进→强迫型工作激情→突破性创造力	–0.90*	4.48**	–4.03*	H2–6 H3–7	成立
对抗激进→强迫型工作激情→新生代员工渐进性创造力	–0.90*	2.56*	–2.30*	H2–6 H3–8	成立

续表

变量间关系	前半段路径系数	后半段路径系数	中介系数	假设	结论
消极被动→和谐型工作激情→突破性创造力	-0.27*	6.72*	-1.81*	H2-3 H3-9	成立
消极被动→和谐型工作激情→新生代员工渐进性创造力	-0.27*	4.55*	-1.23*	H2-3 H3-10	成立
消极被动→强迫型工作激情→突破性创造力	-0.29	4.48**	-1.30	H2-7 H3-11	不成立
消极被动→强迫型工作激情→新生代员工渐进性创造力	-0.29	2.56*	-0.74	H2-7 H3-12	不成立
低社交敏锐→和谐型工作激情→突破性创造力	-0.22*	6.72*	-1.48*	H2-4 H3-13	成立
低社交敏锐→和谐型工作激情→新生代员工渐进性创造力	-0.22*	4.55*	-1.00*	H2-4 H3-14	成立
低社交敏锐→强迫型工作激情→突破性创造力	-0.18*	4.48**	-0.81*	H2-8 H3-15	成立
低社交敏锐→强迫型工作激情→新生代员工渐进性创造力	-0.18*	2.56*	-0.46*	H2-8 H3-16	成立

注：*** 代表 $p<0.001$，** 代表 $p<0.01$，* 代表 $p<0.05$。

6.7 社会自我效能感的调节效应检验

6.7.1 调节效应检验

检验社会自我效能感在领导者追随反原型与新生代员工工作激情之间的调节作用。构建社会自我效能感在领导者追随反原型与新生代员工工作激情之间的调节作用结构模型（见图 6-5）。拟合结果表明，该模型具有较理想的适配度（见表 6-13），χ^2/df 值为 1.792，小于标准值 2；

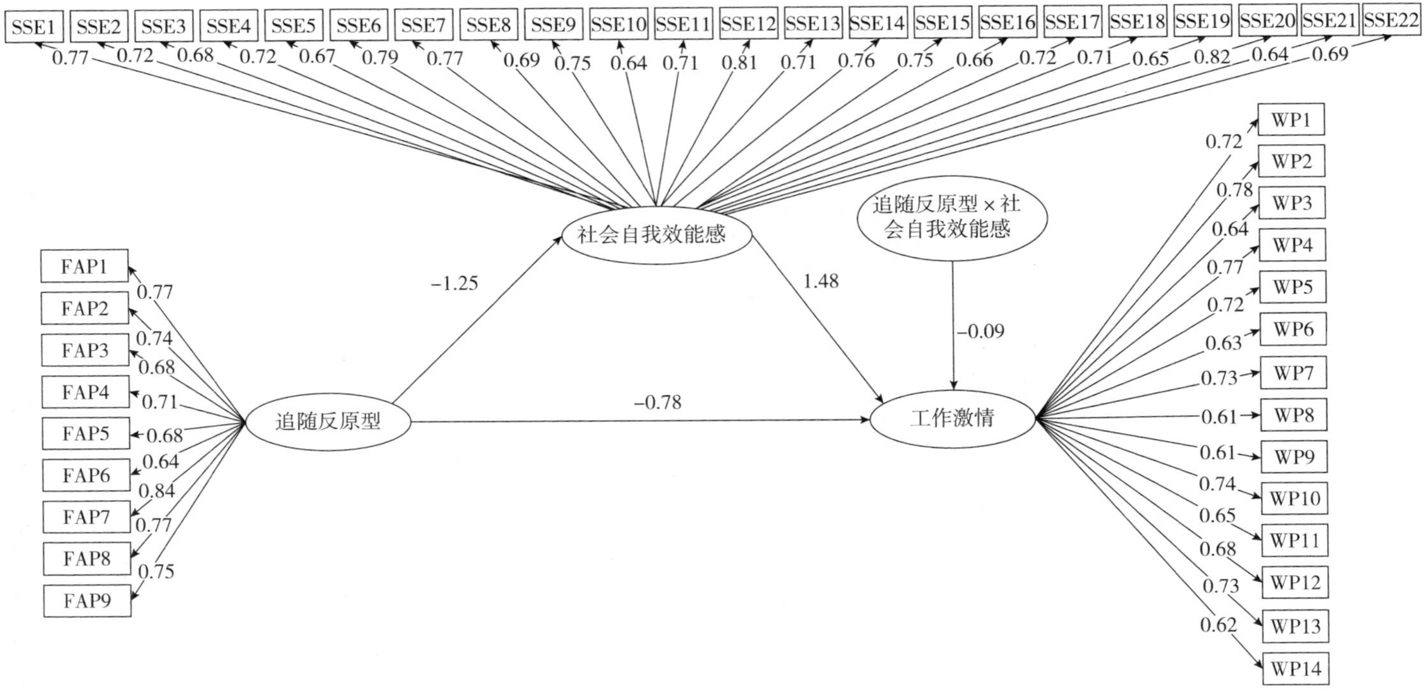

图 6-5 社会自我效能感的调节作用结构模型

RMSEA 值为 0.048，小于标准值 0.05；GFI、IFI、TLI、CFI 的值均大于标准值 0.9，NFI 的值大于 0.8，以上指标均达到模型标准适配度评价标准。

表 6-13　社会自我效能感调节作用的结构方程模型拟合指标值

χ^2/df	RMSEA	GFI	NFI	IFI	TLI	CFI
1.792	0.048	0.903	0.882	0.902	0.901	0.902

进行调节作用检验前，使用 SPSS19.0 将领导者追随反原型进行标准化，然后计算两个变量的交互项，这是根据 Ping（1995，1996）所发表的文章，可以使用乘积指标表示自变量与调节变量之间的交互作用，故将此交互项放入结构方程模型进行调节作用效果检验。社会自我效能感的调节作用检验结果如表 6-14 所示，领导者追随反原型与社会自我效能感的交互作用显著，并且交互系数为 -0.09，表明社会自我效能感越弱，领导者追随反原型对工作激情的负向影响越强。因此，假设 4 成立。

表 6-14　社会自我效能感调节作用检验结果

变量间关系	路径系数	P 值	影响效果	假设	结论
领导者追随反原型→社会自我效能感	-1.25	<0.01	显著负向		
社会自我效能感→工作激情	1.48	<0.05	显著正向		
领导者追随反原型 × 社会自我效能感→工作激情	-0.09	<0.05	显著负向	H4	成立

注：*** 表示 p<0.001，** 表示 p<0.01，* 表示 p<0.05。

6.7.2　各维度的调节效应检验

检验社会自我效能感社交聚会维度在领导者追随反原型与新生代员工工作激情之间的调节作用。构建社会自我效能感社交聚会维度在领导者追随反原型与新生代员工工作激情之间的调节作用结构模型（见图 6-6）。拟合结果表明，该模型具有较理想的适配度（见表 6-15），

χ^2/df值为 1.883，小于标准值 2；RMSEA 值为 0.045，小于标准值 0.05；GFI、IFI、TLI、CFI 的值均大于标准值 0.9，NFI 的值大于 0.8，以上指标均达到模型标准适配度评价标准。

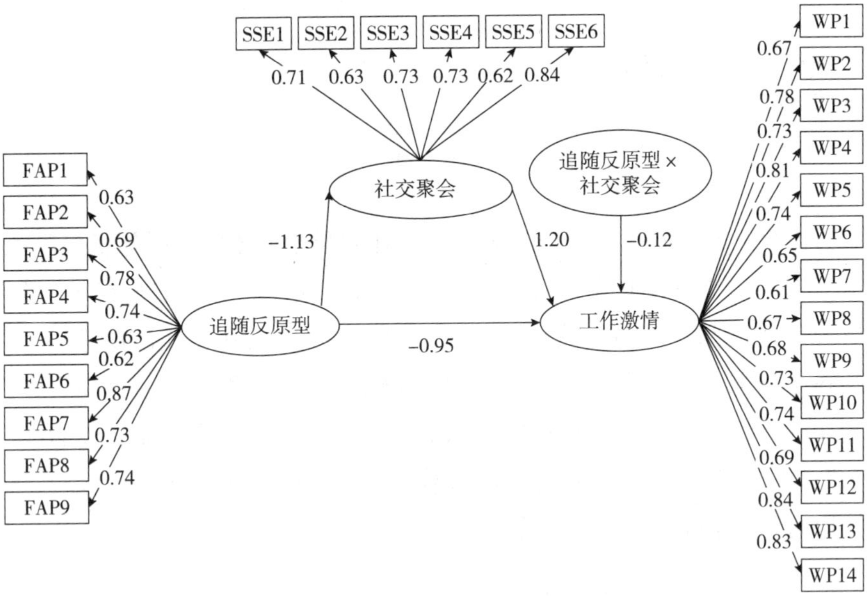

图 6-6　社交聚会维度的调节作用结构模型

表 6-15　社交聚会维度调节作用的结构方程模型拟合指标值

χ^2/df	RMSEA	GFI	NFI	IFI	TLI	CFI
1.883	0.045	0.921	0.892	0.906	0.905	0.903

进行调节作用检验前，使用 SPSS19.0 将领导者追随反原型和社会自我效能感进行标准化，然后计算两个变量的交互项，将此交互项放入结构方程模型进行调节作用效果检验。社会自我效能感社交聚会维度的调节作用检验结果如表 6-16 所示，领导者追随反原型与社会自我效能感社交聚会维度的交互作用显著，且交互系数为 −0.12，表明社会自我效能感社交聚会维度越弱，领导者追随反原型对工作激情的负向影响越强。因此，假设 4-1 成立。

表 6-16 社交聚会维度的调节作用检验结果

变量间关系	路径系数	P 值	影响效果	假设	结论
领导者追随反原型→社交聚会	−1.13	<0.05	显著负向		
社交聚会→工作激情	1.20	<0.05	显著正向		
领导者追随反原型 × 社交聚会→工作激情	−0.12	<0.05	显著负向	H4-1	成立

注：*** 代表 p<0.001，** 代表 p<0.01，* 代表 p<0.05

检验社会自我效能感公众表现维度在领导者追随反原型与新生代员工工作激情之间的调节作用。构建社会自我效能感公众表现维度在领导者追随反原型与新生代员工工作激情之间的调节作用结构模型（见图 6-7）。拟合结果表明，该模型具有较理想的适配度（见表 6-17），χ^2/df值为 1.852，小于标准值 2；RMSEA 值为 0.043，小于标准值 0.05；GFI、IFI、TLI、CFI 的值均大于标准值 0.9，NFI 的值大于 0.8，以上指标均达到模型标准适配度评价标准。

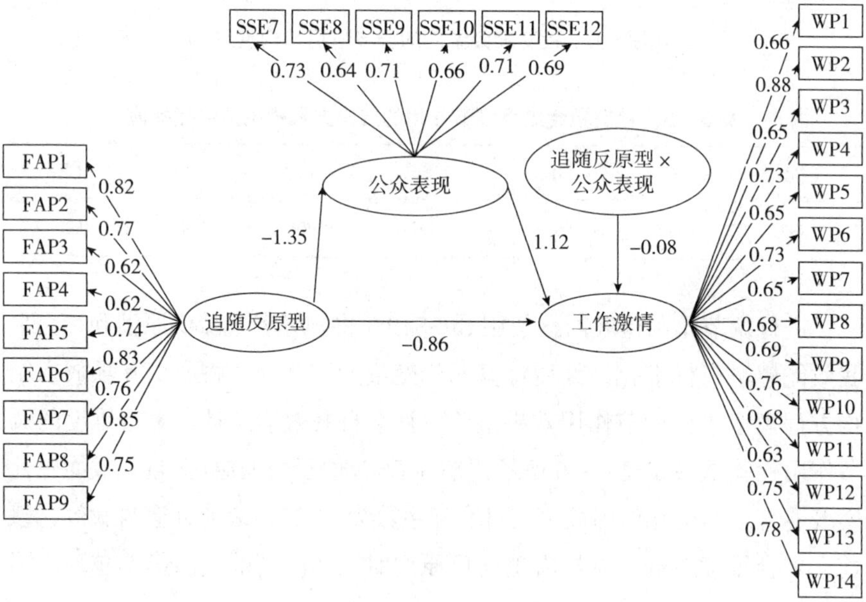

图 6-7 公众表现维度的调节作用结构模型

表 6-17　公众表现维度调节作用的结构方程模型拟合指标值

χ^2/df	RMSEA	GFI	NFI	IFI	TLI	CFI
1.852	0.043	0.913	0.882	0.910	0.909	0.907

在进行调节作用检验之前，使用 SPSS19.0 将领导者追随反原型和社会自我效能感公众表现进行标准化，然后计算两个变量的交互项，将此交互项放入结构方程模型进行调节作用效果检验。社会自我效能感公众表现维度的调节作用检验结果如表 6-18 所示，领导者追随反原型与社会自我效能感公众表现维度的交互作用不显著，表明社会自我效能感公众表现维度能够减弱领导者追随反原型对工作激情的负向影响的假设不成立。因此，假设 4-2 不成立。

表 6-18　公众表现维度调节作用检验结果

变量间关系	路径系数	P 值	影响效果	假设	结论
领导者追随反原型→公众表现	-1.35	>0.05	不显著		
公众表现→工作激情	1.12	<0.05	显著正向		
领导者追随反原型 × 公众表现→工作激情	-0.08	>0.05	不显著	H4-2	不成立

注：*** 代表 $p<0.001$，** 代表 $p<0.01$，* 代表 $p<0.05$。

检验社会自我效能感寻求与提供帮助维度在领导者追随反原型与新生代员工工作激情之间的调节作用。构建社会自我效能感寻求与提供帮助维度在领导者追随反原型与新生代员工工作激情之间的调节作用结构模型（见图 6-8）。拟合结果表明，该模型具有较理想的适配度（见表 6-19），χ^2/df 值为 1.821，小于标准值 2；RMSEA 值为 0.042，小于标准值 0.05；GFI、NFI、IFI、TLI、CFI 的值均大于标准值 0.9，以上指标均达到模型标准适配度评价标准。

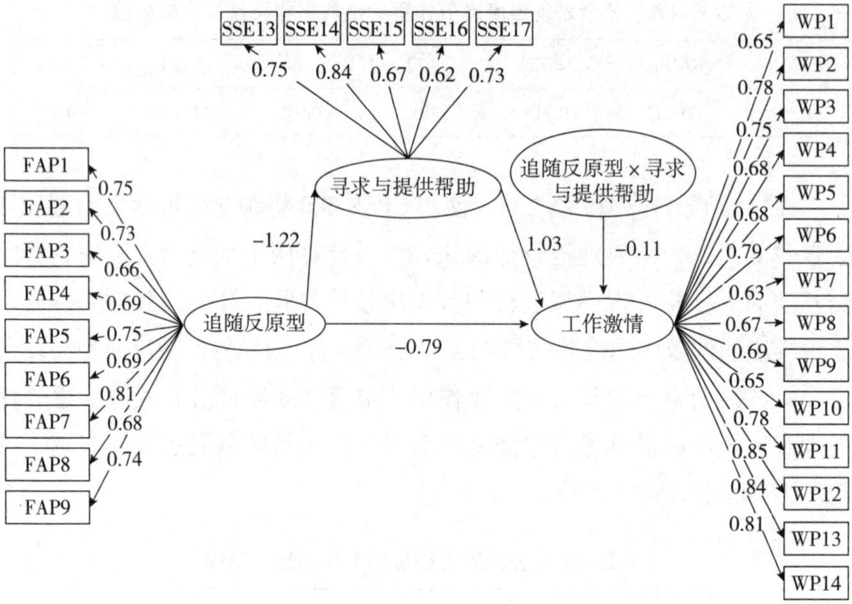

图 6-8 寻求与提供帮助维度的调节作用结构模型

表 6-19 寻求与提供帮助维度调节作用的结构方程模型拟合指标值

χ^2/df	RMSEA	GFI	NFI	IFI	TLI	CFI
1.821	0.042	0.914	0.90	0.912	0.909	0.905

在进行调节作用检验前，使用 SPSS19.0 将领导者追随反原型和社会自我效能感寻求与提供帮助进行标准化，然后计算两个变量的交互项，将此交互项放入结构方程模型进行调节作用效果检验。社会自我效能感寻求与提供帮助维度的调节作用检验结果如表 6-20 所示，领导者追随反原型与社会自我效能感寻求与提供帮助维度的交互作用显著，并且交互系数为 -0.11，表明社会自我效能感寻求与提供帮助维度越弱，领导者追随反原型对工作激情的负向影响越强。因此，假设 4-3 成立。

表 6-20 寻求与提供帮助维度调节作用检验结果

变量间关系	路径系数	P 值	影响效果	假设	结论
领导者追随反原型→寻求与提供帮助	-1.22	<0.05	显著负向		
寻求与提供帮助→工作激情	1.03	<0.05	显著正向		

续表

变量间关系	路径系数	P 值	影响效果	假设	结论
领导者追随反原型 × 寻求与提供帮助→工作激情	−0.11	<0.05	显著负向	H4−3	成立

注：*** 代表 $p<0.001$，** 代表 $p<0.01$，* 代表 $p<0.05$。

检验社会自我效能感冲突管理维度在领导者追随反原型与新生代员工工作激情之间的调节作用。构建社会自我效能感冲突管理维度在领导者追随反原型与新生代员工工作激情之间的调节作用结构模型（见图 6−9）。拟合结果表明，该模型具有较理想的适配度（见表 6−21），χ^2/df 值为 1.846，小于标准值 2；RMSEA 值为 0.046，小于标准值 0.05；GFI、NFI、IFI、TLI、CFI 的值均大于标准值 0.9，以上指标均达到模型标准适配度评价标准。

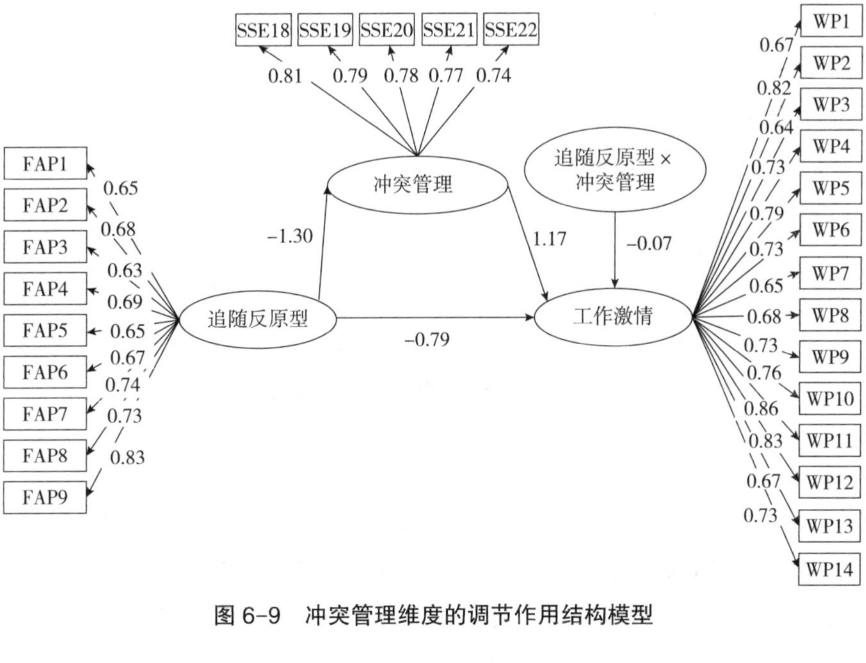

图 6−9 冲突管理维度的调节作用结构模型

表 6-21　冲突管理维度调节作用的结构方程模型拟合指标值

χ^2/df	RMSEA	GFI	NFI	IFI	TLI	CFI
1.846	0.046	0.910	0.902	0.904	0.905	0.903

在进行调节作用检验前，使用 SPSS19.0 将领导者追随反原型和社会自我效能感冲突管理进行标准化，然后计算两个变量的交互项，将此交互项放入结构方程模型进行调节作用效果检验。社会自我效能感冲突管理维度的调节作用检验结果如表 6-22 所示，领导者追随反原型与社会自我效能感冲突管理维度的交互作用显著，且交互系数为 -0.07，表明社会自我效能感冲突管理维度越弱，领导者追随反原型对工作激情的负向影响越强。因此，假设 4-3 成立。

表 6-22　冲突管理维度调节作用检验结果

变量间关系	路径系数	P 值	影响效果	假设	结论
领导者追随反原型→冲突管理	-1.30	<0.05	显著负向		
冲突管理→工作激情	1.17	<0.05	显著正向		
领导者追随反原型 × 冲突管理→工作激情	-0.07	<0.05	显著负向	H4-3	成立

注：*** 代表 p<0.001，** 代表 p<0.01，* 代表 p<0.05。

6.8　被调节的中介检验

假设 5 提出，社会自我效能感弱化了工作激情在领导者追随反原型与创造力之间的中介效应。为了验证此被调节的中介效应假设，使用 AMOS24.0，并采用拔靴法（Bootstrapping Method）考察在较高社会自我效能感水平下和较低社会自我效能感水平下，工作激情在领导者追随反原型与创造力之间所起的中介效应，检验结果如表 6-23 所示。

表 6-23　被调节的中介效应分析

调节变量	领导者追随反原型（X）→工作激情（M）→创造力（Y）				
	阶段			效应	
	领导者追随反原型（X）→工作激情（M）；P_{MX}	工作激情（M）→创造力（Y）；P_{YM}	领导者追随反原型（X）→创造力（Y）；P_{YX}	间接效应 $P_{MX}P_{YM}$	总效应 $P_{YX}+P_{MX}P_{YM}$
较强社会自我效能感	−0.45**	0.63***	−0.21*	−0.28**	−0.49**
较弱社会自我效能感	−0.49**	0.48***	−0.56	−0.24**	−0.80**
差异	0.04**	0.15***	0.35*	0.04**	0.31**

注：*** 代表 p<0.001，** 代表 p<0.01，* 代表 p<0.05；P_{MX}：领导者追随反原型对工作激情的影响；P_{YM}：工作激情对新生代员工创造力的影响；P_{YX}：领导者追随反原型对新生代员工创造力的影响。

从表 6-23 中可以看出，当社会自我效能感较弱时，领导者追随反原型对工作激情的影响显著（r=−0.49，p<0.01）；当社会自我效能感较强时，领导者追随反原型对工作激情的影响也显著（r=−0.45，p<0.01），并且存在显著的差异（△ r=0.04，p<0.01）。

此外，表 6-23 的结果显示，在社会自我效能感较弱时，领导者追随反原型对创造力的间接影响显著（r=−0.24，p<0.01），而在社会自我效能感较强时，领导者追随反原型对创造力的间接影响也显著（r=−0.28，p<0.01），并且二者的差异显著（r=0.04，p<0.01）。说明社会自我效能感能够弱化工作激情在领导者追随反原型和创造力之间的中介效应，从而支持了假设 5。

由此表明，被调节的中介主效应得到了验证，进而需要继续对基于社会自我效能感 4 个维度所提出的子假设进行相应检验。

假设 5-1 提出，社会自我效能感社交聚会维度弱化了工作激情在领导者追随反原型与创造力之间的中介效应。为了验证此被调节的中介效应假设，使用AMOS24.0，并采用拔靴法检验了在不同的社交聚会水平下，工作激情在领导者追随反原型与创造力之间所起的中介效应，检验结果如表6-24所示。

表6-24 被调节（社会自我效能感各维度）的中介效应分析

调节变量	领导者追随反原型（X）→工作激情（M）→创造力（Y）					假设	结论
	阶段			效应			
	领导者追随反原型（X）→工作激情（M）；P_{MX}	工作激情（M）→创造力（Y）；P_{YM}	领导者追随反原型（X）→创造力（Y）；P_{YX}	间接效应 $P_{MX}P_{YM}$	总效应 $P_{YX}+P_{MX}P_{YM}$		
较强社交聚会	−0.42**	0.52***	−0.22*	−0.22**	−0.44**		
较弱社交聚会	−0.48**	0.49***	−0.43	−0.24**	−0.67**		
差异	0.06**	0.03***	0.21*	0.02**	0.23**	H5−1	成立
较强公众表现	−0.37*	0.55**	−0.11*	−0.20	−0.31*		
较弱公众表现	−0.49	0.36**	−0.42	−0.18	−0.60*		
差异	0.12	0.19**	0.31*	0.02	0.29	H5−2	不成立
较强寻求与提供帮助	−0.36**	0.53***	−0.22*	−0.19**	−0.41**		
较弱寻求与提供帮助	−0.42**	0.31***	−0.45	−0.13**	−0.32**		
差异	0.06**	0.22***	0.23*	0.06**	0.09**	H5−3	成立
较强冲突管理	−0.50**	0.40***	−0.27*	−0.20**	−0.47**		
较弱冲突管理	−0.58**	0.22***	−0.48	−0.13**	−0.35**		
差异	0.08**	0.18***	0.21*	0.07**	0.12**	H5−4	成立

注：*** 代表 $p<0.001$，** 代表 $p<0.01$，* 代表 $p<0.05$；P_{MX}：领导者追随反原型对工作激情的影响；P_{YM}：工作激情对新生代员工创造力的影响；P_{YX}：领导者追随反原型对新生代员工创造力的影响。

从表6-24中可以看出，当社交聚会较弱时，领导者追随反原型对工作激情的影响显著（$r=-0.48$，$p<0.01$）；当社交聚会较强时，领导者追随反原型对工作激情的影响也显著（$r=-0.42$，$p<0.01$），并且存在显著的

差异（△ r=0.06，p<0.01）。

此外，表 6-24 的结果还显示，在社交聚会较弱时，领导者追随反原型对创造力的间接影响显著（r=-0.24，p<0.01），而在社交聚会较强时，领导者追随反原型对创造力的间接影响也显著（r=-0.22，p<0.01），并且二者的差异显著（r=0.02，p<0.01）。这说明社交聚会能够弱化工作激情在领导者追随反原型和创造力之间的中介效应，从而支持了假设 5-1。

从表 6-24 中可以看出，当公众表现较弱时，领导者追随反原型对工作激情的影响不显著；当公众表现较强时，领导者追随反原型对工作激情的影响显著（r=-0.37，p<0.05），并且存在着差异也不显著。

此外，表 6-24 的结果显示，在公众表现较弱时，领导者追随反原型对创造力的间接影响不显著，在公众表现较强时，领导者追随反原型对创造力的间接影响也不显著，并且二者的差异不显著。这说明公众表现不能够弱化工作激情在领导者追随反原型和创造力之间的中介效应，从而不支持假设 5-2。

从表 6-24 中可以看出，当寻求与提供帮助较弱时，领导者追随反原型对工作激情的影响显著（r=-0.42，p<0.01）；当寻求与提供帮助较强时，领导者追随反原型对工作激情的影响也显著（r=-0.36，p<0.01），且存在显著的差异（r=0.06，p<0.01）。

此外，表 6-24 的结果显示，在寻求与提供帮助较弱时，领导者追随反原型对创造力的间接影响显著（r=-0.13，p<0.01），在寻求与提供帮助较强时，领导者追随反原型对创造力的间接影响也显著（r=-0.19，p<0.01），且二者的差异显著（r=0.06，p<0.01）。这说明寻求与提供帮助能够弱化工作激情在领导者追随反原型和创造力之间的中介效应，从而支持了假设 5-3。

从表 6-24 中可以看出，当冲突管理较弱时，领导者追随反原型对工作激情的影响显著（r=-0.58，p<0.01）；当冲突管理较强时，领导者追随反原型对工作激情的影响也显著（r=-0.50，p<0.01），且存在着显著的差异（△ r=0.08，p<0.01）。

此外，表 6-24 的结果显示，在冲突管理较弱时，领导者追随反原型对创造力的间接影响显著（r=-0.13，p<0.01），在冲突管理较强时，领导

者追随反原型对创造力的间接影响也显著（r=-0.20，p<0.01），且二者的差异显著（r=0.07，p<0.01）。这说明冲突管理能够弱化工作激情在领导者追随反原型和创造力之间的中介效应，从而支持了假设 5-4。

6.9 研究假设汇总

表 6-25 研究假设汇总

假设序号	假设内容	结论
H1	领导者追随反原型对新生代员工创造力有负向影响	成立
H1-1	领导者对新生代员工不称职的认知对新生代员工突破性创造力有负向影响	成立
H1-2	领导者对新生代员工对抗激进的认知对新生代员工突破性创造力有负向影响	成立
H1-3	领导者对新生代员工消极被动的认知对新生代员工突破性创造力有负向影响	不成立
H1-4	领导者对新生代员工低社交敏锐的认知对新生代员工突破性创造力有负向影响	成立
H1-5	领导者对新生代员工不称职的认知对新生代员工渐进性创造力有负向影响	成立
H1-6	领导者对新生代员工对抗激进的认知对新生代员工渐进性创造力有负向影响	成立
H1-7	领导者对新生代员工消极被动的认知对新生代员工渐进性创造力有负向影响	成立
H1-8	领导者对新生代员工低社交敏锐的认知对新生代员工渐进性创造力有负向影响	成立
H2	领导者追随反原型对新生代员工工作激情有负向影响	成立
H2-1	领导者对新生代员工不称职的认知对新生代员工和谐型工作激情有负向影响	成立
H2-2	领导者对新生代员工对抗激进的认知对新生代员工和谐型工作激情有负向影响。	成立

续表

假设序号	假设内容	结论
H2-3	领导者对新生代员工消极被动的认知对新生代员工和谐型工作激情有负向影响。	成立
H2-4	领导者对新生代员工低社交敏锐的认知对新生代员工和谐型工作激情有负向影响	成立
H2-5	领导者对新生代员工不称职的认知对新生代员工强迫型工作激情有负向影响	成立
H2-6	领导者对新生代员工对抗激进的认知对新生代员工强迫型工作激情有负向影响	成立
H2-7	领导者对新生代员工消极被动的认知对新生代员工强迫型工作激情有负向影响	不成立
H2-8	领导者对新生代员工低社交敏锐的认知对新生代员工强迫型工作激情有负向影响	成立
H3	工作激情在领导者追随反原型与新生代员工创造力之间起到中介作用	成立
H3-1	和谐型工作激情在领导者不称职认知和新生代员工突破性创造力之间起到中介作用	成立
H3-2	和谐型工作激情在领导者不称职认知和新生代员工渐进性创造力之间起到中介作用	成立
H3-3	强迫型工作激情在领导者不称职认知和新生代员工突破性创造力之间起到中介作用	成立
H3-4	强迫型工作激情在领导者不称职认知和新生代员工渐进性创造力之间起到中介作用	成立
H3-5	和谐型工作激情在领导者对抗激进认知和新生代员工突破性创造力之间起到中介作用	成立
H3-6	和谐型工作激情在领导者对抗激进认知和新生代员工渐进性创造力之间起到中介作用。	成立
H3-7	强迫型工作激情在领导者对抗激进认知和新生代员工突破性创造力之间起到中介作用	成立
H3-8	强迫型工作激情在领导者对抗激进认知和新生代员工渐进性创造力之间起到中介作用	成立
H3-9	和谐型工作激情在领导者消极被动认知和新生代员工突破性创造力之间起到中介作用	成立

续表

假设序号	假设内容	结论
H3-10	和谐型工作激情在领导者消极被动认知和新生代员工渐进性创造力之间起到中介作用	成立
H3-11	强迫型工作激情在领导者消极被动认知和新生代员工突破性创造力之间起到中介作用	不成立
H3-12	强迫型工作激情在领导者消极被动认知和新生代员工渐进性创造力之间起到中介作用	不成立
H3-13	和谐型工作激情在领导者低社交敏锐认知和新生代员工突破性创造力之间起到中介作用	成立
H3-14	和谐型工作激情在领导者低社交敏锐认知和新生代员工渐进性创造力之间起到中介作用	成立
H3-15	强迫型工作激情在领导者低社交敏锐认知和新生代员工突破性创造力之间起到中介作用	成立
H3-16	强迫型工作激情在领导者低社交敏锐认知和新生代员工渐进性创造力之间起到中介作用	成立
H4	社会自我效能感在领导者追随反原型和工作激情之间起到负向调节作用，即社会自我效能感越强，领导者追随反原型对工作激情影响越弱	成立
H4-1	社交聚会在领导者追随反原型和工作激情之间起到负向调节作用	成立
H4-2	公众表现在领导者追随反原型和工作激情之间起到负向调节作用	不成立
H4-3	寻求与提供帮助在领导者追随反原型和工作激情之间起到负向调节作用	成立
H4-4	冲突管理在领导者追随反原型和工作激情之间起到负向调节作用	成立
H5	社会自我效能感弱化了工作激情在领导者追随反原型与新生代员工创造力之间的中介效应	成立
H5-1	社会自我效能感社交聚会维度弱化了工作激情在领导者追随反原型与新生代员工创造力之间的中介效应	成立
H5-2	社会自我效能感公众表现维度弱化了工作激情在领导者追随反原型与新生代员工创造力之间的中介效应	不成立
H5-3	社会自我效能感寻求与提供帮助维度弱化了工作激情在领导者追随反原型与新生代员工创造力之间的中介效应	成立
H5-4	社会自我效能感冲突管理维度弱化了工作激情在领导者追随反原型与新生代员工创造力之间的中介效应	成立

通过对本书所有的主假设及子假设的检验结果汇总可以发现，5个主假设均得到了验证，34个子假设得到了验证，而6个子假设未得到验证。

未得到验证的6个子假设主要涉及了领导者追随反原型的消极被动维度（4个子假设）和社会自我效能感的公众表现维度（2个子假设）。这可能是由于领导者对新生代员工的消极被动认知，在新生代员工的价值体系中并未占有重要地位，导致新生代员工即使感受到了领导者对自身存有“消极被动”的认知，也不能对其造成损害。另外，2个未成立的子假设均涉及社会自我效能感中的公众表现维度，这可能是由于公众表现维度在新生代员工的信息组成部分中未占有重要地位，即它并非新生代员工主要的信心来源，即不能为新生代员工提供心理资源，无法应对外界恶性因素对新生代员工的损害。基于此，以上6个子假设未得到验证。

6.10　本章小结

本章的主要目的在于对领导者追随反原型与新生代员工创造力关系进行检验，并同时验证工作激情的中介作用、社会自我效能感的调节作用及一个被调节的中介作用。在检测以上主效应的同时，对所提出的子假设进行检验。本章主要结论如下：

（1）领导者追随反原型对新生代员工创造力有显著负向预测作用，其对工作激情也有显著负向预测作用；领导者追随反原型各维度对新生代员工创造力各维度具有显著负向预测作用。

（2）工作激情在领导者追随反原型与新生代员工创造力间起到中介作用；工作激情各维度在领导者追随反原型与新生代员工创造力间起到中介作用。

（3）社会自我效能感在领导者追随反原型与新生代员工工作激情间起负向调节作用；社会自我效能感各维度在领导者追随反原型与新生代

员工工作激情间起负向调节作用。

（4）社会自我效能感弱化了工作激情在领导者追随反原型与新生代员工创造力之间的中介效应；社会自我效能感各维度弱化了工作激情在领导者追随反原型与新生代员工创造力之间的中介效应。

第7章

结论与展望

7.1 研究结论

本书立足于内隐追随理论中的追随反原型，以辽宁省、吉林省的10家企业330位领导者—追随者为研究对象，探讨了领导者追随反原型对新生代员工创造力的影响，并检验了工作激情和社会自我效能感在领导者追随反原型对新生代员工创造力影响过程中的作用，得到以下结论：

领导者追随反原型对新生代员工创造力有显著负向预测作用，其对工作激情也有显著负向预测作用。其中，领导者对新生代员工不称职认知对新生代员工突破性创造力有负向影响；领导者对新生代员工对抗激进认知对新生代员工突破性创造力有负向影响；领导者对新生代员工低社交敏锐认知对新生代员工突破性创造力有负向影响；领导者对新生代员工不称职认知对新生代员工渐进性创造力有负向影响；领导者对新生代员工对抗激进认知对新生代员工渐进性创造力有负向影响；领导者对新生代员工消极被动认知对新生代员工渐进性创造力有负向影响；领导者对新生代员工低社交敏锐认知对新生代员工渐进性创造力有负向影响。

由此可见，在实践中，领导者对新生代员工的负面认知确实能够损害新生代员工的创造力。具体表现为：领导者若认为新生代员工的工作业绩不合格、工作成果不突出、无法胜任工作之外的职责，此种认知不仅会使新生代员工不愿意使用新想法、新方式、新流程工作，更不愿意以全新方式进行创造性活动；领导者若认为新生代员工不服从命令、对抗权威，那么此种认知也会促发新生代员工不愿意在工作中进行“改变”及“改进”；领导者若认为新生代员工无法适应及推动变化、无法主动参与工作并提供关键和建设性的反馈，以及无法自主找到工作方法，那么此种认知会导致新生代员工不愿意进行工作改进；领导者若认为新生代员工无法进行良好的自我情绪管理以及无法与同事及领导进行良好人际沟通，那么此种认知将会导致新生代员工既不愿意进行微小的修正，更不愿意进行重大的突破与改变。因此，领导者亟待改变对新生代员工的负面看法，纵使部分社会舆论对新生代员工提出了诸多批评，新生代员工工作价值观与传统工作价值观差异大，新生代员工工作心理、行为给予了管理者极大的工作挑战，领导者也应积极转变自身观念，主动适应变化，探寻新生代员工有效管理办法，而不是宽纵自身，直至对新生代员工创造力产生实际损害。

工作激情在领导者追随反原型与创造力间起到中介作用。领导者追随反原型通过降低新生代员工工作激情，进而影响新生代员工的创造力。其中包括：和谐型工作激情在领导者不称职认知和新生代员工突破性创造力之间的中介作用；和谐型工作激情在领导者不称职认知和新生代员工渐进性创造力之间的中介作用；强迫型工作激情在领导者对抗激进认知和新生代员工突破性创造力之间的中介作用；强迫型工作激情在领导者对抗激进认知和新生代员工渐进性创造力之间的中介作用；和谐型工作激情在领导者对抗激进认知和新生代员工突破性创造力之间的中介作用；和谐型工作激情在领导者对抗激进认知和新生代员工渐进性创造力之间的中介作用；强迫型工作激情在领导者对抗激进认知和新生代员工突破性创造力之间的中介作用；强迫型工作激情在领导者对抗激进认知和新生代员工渐进性创造力之间的中介作用；和谐型工作激情在领导者消极被动认知和新生代员工突破性创造力之间的中介作用；和谐型工作激情在领导者消极被动认知和新生代员工渐进性创造力之间的中介作用；强迫型工作激情在领导者消极被动认知和新生代员工突破性创造力之间的中介作用；强迫型工作激情在领导者消极被动认知和新生代员工渐进性创造力之间的中介作用；和谐型工作激情在领导者低社交敏锐认知和新生代员工突破性创造力之间的中介作用；和谐型工作激情在领导者低社交敏锐认知和新生代员工渐进性创造力之间的中介作用；强迫型工作激情在领导者低社交敏锐认知和新生代员工突破性创造力之间的中介作用；强迫型工作激情在领导者低社交敏锐认知和新生代员工渐进性创造力之间的中介作用。工作激情在领导者追随反原型与新生代员工创造力之间的中介作用验证了资源保存理论。对于工作激情的变化，多数学者基于自我调节理论进行探讨。它是指个体在有意识的情况下，进行自我调动，以维持或者改变个体工作激情。它强调个体主动调节自我心理状况和行为的过程。本书从组织支持理论出发，解释工作激情的变化，强调的是工作激情被动的变化。领导者追随反原型使新生代员工个体感受到来自上级的低喜爱、低期望，即无法得到领导者支持，进而损害新生代员工的工作动能，最终削弱新生代员工的工作激情。

由此表明，在实践当中，新生代员工工作激情能够有效传递领导者负面认知对新生代员工创造力的损害。具体表现为：不论是新生代员工对工作自主的无压力的热爱，抑或是来自对社会认可、自尊及绩效要求等方面期望的高工作投入，均能够有效传导领导者负面认知对新生代员工创造力的损害。换言之，领导者若对新生代员工持有负面认知，那么首先将侵害新生代员工对工作的热爱、投入度及价值判断，继而损害新生代员工在工作中的创造力。既然领导者负面认知对新生代员工创造力损害的“黑箱”被打开，即新生代员工工作激情成为二者之间的传导机制。那么，组织或是管理者可以基于新生代员工工作激情作为另一切入口，从增强新生代员工工作激情方面，进而削弱领导者负面认知对新生代员工创造力的损害程度。

社会自我效能感在领导者追随反原型与工作激情间起负向调节作用。具体来看，社会自我效能感较高的新生代员工面对领导者追随反原型情境时，工作激情降低程度较低。其中，社交聚会在领导者追随反原型和工作激情之间起到负向调节作用；公众表现在领导者追随反原型和工作激情之间起到负向调节作用；寻求与提供帮助在领导者追随反原型和工作激情之间起到负向调节作用；冲突管理在领导者追随反原型和工作激情之间起到负向调节作用。基于资源保存理论，新生代员工面对领导者追随反原型，将使自有社会资源减少，并感受到外在压力。但是，社会自我效能感能够减少新生代员工心理资源流失，提升对组织的情感承诺。新生代员工个体已有投入而未获得相应回报，将能够通过社会自我效能感进行积极补给，进而提升持续投入的动力，减少对自身工作激情的损害。

社会自我效能感弱化了工作激情在领导者追随反原型与创造力之间的中介效应。其中，社会自我效能感社交聚会维度弱化了工作激情在领导者追随反原型与新生代员工突破性创造力之间的中介效应；社会自我效能感公众表现维度弱化了工作激情在领导者追随反原型与新生代员工渐进性创造力之间的中介效应；社会自我效能感寻求与提供帮助维度弱化了工作激情在领导者追随反原型与新生代员工突破性创造力之间的中介效应；社会自我效能感冲突管理维度弱化了工作激情在领导者追随反原型与新生代员工渐进性创造力之间的中介效应。

基于此，在实践当中，社会自我效能感能够作为有效心理资源减轻领导者负面认知对新生代员工工作激情及创造力的侵害。具体表现为：新生代员工若相信自身能够有效利用社交聚会展现自我，在公众场合与他人实现高质量沟通，有效发展和维持自身人际网络以寻求资源，在压力之下顺利解决冲突。那么，即使领导者对该类新生代员工持有负面认知，其对新生代员工工作激情及创造力的损害也将有所削弱。因此，组织及管理者可以从新生代员工社会自我效能感入手，通过高水平的社会自我效能感抑制领导者负面认知对新生代员工工作激情及创造力的负向效应。

通过以上研究表明，领导者的负面认知确实会对新生代员工的创造力造成伤害，其主要通过影响新生代员工的工作激情发生作用，而新生代员工的社会自我效能感能够减弱以上过程。本书所得出的结论与社会及管理者认知存在明显差异，即整个社会及管理相信，自身对新生代员工的负面看法不会损伤新生代员工，也不可能损害新生代员工的创造力，但本书结果否定了这一认知。因此，整个社会及管理者亟待改变自身对新生代员工的负面认知，以避免此类伤害的发生。

7.2 管理对策

7.2.1 增强领导者自我认知的对策

创新是企业发展的根本动力，而追随者创造力则是企业创新的源泉。特别是在市场竞争程度不断加剧的情况下，追随者创造力水平对于企业生存与发展更是至关重要。企业管理者期望追随者富有创造力并能够转化为生产价值。但在管理过程中，由于管理者对新生代员工个体的负面认知，可能对新生代员工创造力产生负面影响。而本书的结论可能为组织人力资源管理实践提供一些参考。研究结果显示，领导者对新生代员工的负面认知使新生代员工工作激情减弱，甚至损害个体发挥创造力。管理者应理性看待新生代员工，尽量减少负面预期认知。虽然，难免会遇到无法胜任工作的新生代员工，但不能以偏概全。

第一，对管理者进行“领导者追随反原型”专题培训。领导者追随反原型并非个别领导者的认识图式，组织应该引导管理者个体积极对自身认知进行反思。换言之，组织可以对管理者在统一时间进行深入的集中式自我剖析及互相剖析，使具有对新生代员工持有负面认知图式的管理者能够有清晰的自我认知。同时，引导管理者关注组织中优秀的新生代员工及所有新生代员工的优秀方面，进而减少对新生代员工个体负面特质的认知强化。同时，企业可以进行追随反原型专项培训，剖析和分解领导者对新生代员工产生负面认知的诱因、过程及负面影响，使管理者对该类负面认识图式有所了解并加以重视，同时协助其自我修正，以便在未来的工作中转变该类认知模式。应该引导领导者信任并持续激励新生代员工，以激发新生代员工工作激情。领导者也应该对新生代员工的创造力发挥行为予以一定程度包容，减少新生代员工创新失败成本，以增强新生代员工发挥创造力的动机。

第二，修正管理者的角色定位，了解新生代员工对管理者的期待。

长久以来，不论是学术领域或者实践领域，往往关注领导者要多于关注追随者，对于组织的成功也更多地归功于领导者。然而，优秀的领导者若离开了杰出的追随者，也难以有所作为。因此，越来越的学者及实践家开始关注并重视追随者及其追随力。因此，在管理实践中，建议管理者应该避免过多采用自上而下的思考方式，也不能只站在自身角度思考管理问题，而应该更多关注新生代员工对自身的期待。简言之，管理者应该修正管理者为主角的角色定位意识，兼顾新生代员工对领导者的要求，进而转变管理者为权力中心及管理中心的固定认知，触发更多的良性上下级沟通，以形成对新生代员工正面的认知图式。如此，新生代员工对管理者的期待得到满足后，新生代员工的组织承诺、工作满意度将随之提升，其创造力发挥的基础得以夯实。

7.2.2 新生代员工工作激情干预对策

对于新生代员工工作激情的激发可以从领导者及新生代员工自身入手。为了提升新生代员工的工作激情，领导者需要从以下几个方面激发新生代员工的工作激情：

第一，领导者需要加强人力资源管理工作，提高本组织新生代员工工作激情。具体可以从人员招聘和培训两个环节入手，在人力资源引入环节，领导者需要选择具有工作激情的新生代员工进入组织。此时，组织可以采用一些国内外广泛认可的工作激情量表作为甄选员工的工具。在对应试者甄选时，可以依据量表的相关标准对其进行排序，引入那些与组织文化和核心价值观相似、具有主动人格、具有高成就动机的新生代员工。另外，在实践环节中，我们发现许多新生代员工工作激情下降的原因主要有两个：①工作挑战性过高，而自身缺乏相应的专业技能，进而对工作产生抵触感。②部分新生代员工对工作的评价过于片面，认识不到自身工作的意义和价值，进而导致工作激情降低。基于此，领导者需要从以下两个方面入手：一方面，为了跟上时代和技术的更新换代，需要增强新生代员工专业知识和技能的培训，提升他们对本职工作的自信心，降低其工作抵触感。另一方面，进行相关工作认知培训，科学引导新生代员工对工作进行综合评价。领导者要使新生代员工深刻领悟本职工作的意义和价值，重塑他们的良性工作评价体系，进而达到提高工作激情的目的。

第二，领导者应该充分了解并满足新生代员工的内心需要。在实践中，我们发现新生代员工的工作时间与其工作激情水平之间具有相关性。新入职的新生代员工充满工作激情，此时，领导者需要给予他们充分的支持，倾听他们的各种意见和建议，从而进一步激发他们的工作激情。随着新生代员工工龄增加，他们的需求水平也相应提高，对于工作满足感、进一步进修的需求逐步增多，因此，领导者需要充分掌握并且尽可能地满足新生代员工不同时期的需求，进而保持并提升他们的激情水平。

第三，领导者可以针对新生代员工的不同情况给予个性化关怀。对于一些年轻充满活力、敢于探索的新生代员工，领导者应该根据岗位特征采用弹性工作制，进而激发他们的激情和创造力。而对于那些勇于承担重任的新生代员工，领导者需要加强他们所辖工作的丰富性，让新生代员工不断挑战自我，使新生代员工对工作一直能够保持激情。

第四，领导者应该重视组织薪酬结构的公平性和合理性，切忌实行“一刀切”模式，可以采用短期激励和长期激励结合的方式。基于长期激励，组织可以将新生代员工的付出与其自身的长期利益进行捆绑，进而使组织的长、中、短期目标分解为新生代员工的自身任务。在采用短期激励时，可以考虑增加阶段性项目奖金的办法。但在采用该种方式时，短期激励的实行务必考虑新生代员工价值观和组织文化的平衡问题。因为只有基于共同的价值观，新生代员工的归属感将被极大地提升，最终激发新生代员工的工作激情。

除了从管理者方面提升新生代员工的工作激情，也应同时从新生代员工自身入手，从而使新生代员工积极主动地提高自身的工作激情。

第一，在工作情境下，新生代员工应该学会科学正确地进行归因。新生代员工所面对的工作往往具有较高水平的挑战性及创新性，新生代员工需要正确地归因，以面对工作中的负面因素，否则将自我挫伤工作积极性，进而降低自身的工作激情。例如，在实践环节，新生代员工在工作中容易产生失控感，这是员工归因偏差所致。换言之，新生代员工可以如下归因：自身高水平的能力和勤奋努力能够带来工作上的成绩和高绩效。另外，新生代员工自身工作绩效得到改进时，可以将工作的成就和成功归因于本身勤奋的努力和较高的专业能力，以完成自我奖励及鼓励。这是由于新生代员工在增强自信心的同时，能够感受到自身的成就感，从而提升新生代员工对工作的控制感，激发其正向的工作情绪。相反，当新生代员工面对失误和失败时，应该将失败归因于自身缺乏努力这一因素，通过检讨自身问题而不是归因于外部环境因素。新生代员工在面对具有挑战性的工作时，时刻记住努力即能成功的理念，暗示自身可以通过勤奋及努力获得成就和成功。

第二，新生代员工需要明确自身的工作激情类型。Vallerand 等（2003）提出个体能够产生和谐型激情和强迫型激情两种不同的激情类型，而这两种激情均可以产生较大的能量，使个体满怀热情地开展工作，达到提高工作绩效的目的，但是二者仍具有差异性。和谐型激情不但可以提高新生代员工的工作绩效，而且使新生代员工具有正面的、长久的情感，使其能够平衡工作和生活，二者和谐共存。然而，强迫型激情短时间内可以提高绩效，但是随着时间的推移，能够导致新生代员工产生职业倦怠等问题。新生代员工在工作一段时间后，由于在工作中投入了过多的时间和精力，会导致生活和工作产生矛盾，进而出现强迫型激情。新生代员工需要具备能力区分这两种不同的激情，进而激发和维持和谐型激情，同时降低和规避强迫型激情。

第三，新生代员工应该重视培养自身的兴趣爱好，提升休闲能力。新生代员工个体从事具体的休闲活动能够有助于恢复潜在心理体验，帮助其从职业应激中获得复原，促进个体积极情绪和心理资源的构建，进而影响其在工作情境中的态度和行为表现。因此，新生代员工可以在组织内外寻找志同道合及兴趣一致的伙伴，参与匹配自身能力的深度休闲项目，进而在这个过程中释放压力，促进彼此的工作恢复。

7.2.3 新生代员工社会自我效能感干预对策

社会自我效能感是人们对自身在社会交往中获得和维持人际关系能力的信念，在工作情境中的人际互动质量会对个体的工作和生活造成不可低估的影响。组织必须引导管理者重视新生代员工的社会自我效能感干预问题。建议组织对新生代员工的社会自我效能感做如下干预：

第一，注重工作正向激励，强化成功认知。个体的自我认知与个体社会自我效能感具有相互影响。换言之，当新生代员工在工作当中具有较多的成功经验，其自我认知相应提高，进而在工作当中也更倾向于为自身设定较高的工作目标，同时将激发其坚定的工作行为。尤其是面对挑战性工作内容时，个体也坚信自身能够应对困难，取得较高的工作绩效。所以，在工作情境下，领导者应该强化新生代员工在工作中所取得的成功，注重对新生代员工所获成功进行物质奖励及精神奖励，引导其对自身的正面认知，提升自身的社会自我效能感。另外，管理者对于新生代员工的奖励，企业往往重视物质奖励，而忽视精神上的奖励。实际上，在工作过程中，管理者对新生代员工感谢、赏识及积极反馈均有助于新生代员工提升社会自我效能感。换言之，新生代员工个体的信心是建立在其成功经验基础之上。这是由于，社会自我效能感可以通过积极反馈得到提升。当新生代员工感受到管理者对自身的鼓励肯定时，将转化为一种积极的信念，该信念能够极大地提升个体的自我认同。所以，管理者可以运用积极反馈和社会认可来提升新生代员工的社会自我效能感。

第二，组织可以协助员工分解自身工作任务，降低对自身工作任务难度系数的认知。员工在工作过程当中难免会遇到新的工作或者具有挑战性的任务，其不确定性感将增强，对工作焦虑情绪也将提高，社会自我效能感效应降低。所以，当新生代员工面对具有挑战性的工作时，组织或者其管理者可以协助员工将自身的任务分解为若干个部分，员工逐步完成工作，并在逐步完成工作的过程当中体验成功，而这种成功的体验将协助其社会自我效能感增强，而社会自我效能感的增强，将使员工具备信心完成整体的工作任务。同时，组织也可以为新生代员工创造能够成功的工作情境，在工作当中做一些个体较擅长的工作，在个体所擅长的工作过程中体验成功，进而激发起社会自我效能感，以应对未来更高难度系数的工作内容。

第三，树立优秀典型，触发模仿学习。在组织当中并不是所有员工都能够频繁地体会到成功体验，即使个体的成功体验是提升新生代员工较有效的方法之一，但并非唯一方法。通过认知理论，新生代员工个体通过观察同事及周围人的成功和失败经历，也可以增强自身的社会自我效能感，这是因为通过观察他人的成功和失误，个体可以从中学习相关经验，从而模仿学习优秀典型，所以，组织应该经常性地树立优秀典型员工，进而激发周围新生代员工进行模仿学习，从而增强广大新生代员工的社会自我效能感。

当然，模仿者个体和被模仿者个体越相似，模仿者的社会自我效能感将会提升得越高。所以，企业内部的典型所传授的成功经验及相关技巧，将比企业雇用外部培训师对新生代员工进行培训的效果更好且更节省成本。这是由于模仿者能够实际观察到被模仿者真实的工作状态，能够清晰地了解其工作是如何展开，能够更真切地感受其成功。新生代员工逐步将形成一种认知，即优秀新生代员工个体能够取得成功，那么，自身也可以通过模仿学习获得成绩，从而起到社会自我效能感提升的作用。当然，建议组织每个部门，均应设立优秀的新生代员工个体，这是因为被模仿者和模仿者的工作情境越相似，企业观察体验将越强烈，其自我效能感提升程度将越高。企业可以通过培训对新生代员工社会自我效能感进行干预，进而减弱外部环境对新生代员工心理状况的负面影响。若企业选择通过外部培训来提高社会自我效能感，那么也尽量选择与新生代员工比较相似的工作环境以及工作中频繁使用的工作技能对新生代员工进行培训，而不是在虚拟的环境中进行培训。

第四，建立心理健康管理中心，保障员工处于良好心理状态。个体正面的心理状态，能够激发个体进行自我调节及自我反应，而这些过程能够增强新生代员工个体对事物的控制及信心。反之，负面的心理状态能够使新生代员工个体陷入焦虑、绝望甚至抑郁，进而使其社会自我效能感降低。心理健康能够影响新生代员工个体的社会自我效能感，而生理健康也有相应的效果。个体具备良好的身体状况能使其具备相应良好的认知状态和情绪状态，进而其社会自我效能感相对较高。而当新生代员工个体处于疾病等不适情况，其社会自我效能感将受到损害。所以，组织应建立一些心理健康疏导中心，当新生代员工个体陷入焦虑及抑郁的负面状态时，心理健康中心能够及时提供心理疏导，协助其走出负面心理状态。同时，组织也可以建立一些锻炼和健身场所，使新生代员工能够在工作之余锻炼身体、沟通感情。也鼓励新生代员工在工作之外组织及参与社会活动和聚会，进而帮助新生代员工释放心理压力，恢复心理能量，从而起到保护其社会自我效能感的作用。这些做法均有利于新生代员工个体社会自我效能感的提高。

7.2.4 提升新生代员工创造力的对策

第一，为了提高组织新生代员工的创造力水平，需要构建容错组织文化。即对于勇于创新但出现差错的新生代员工能够给予适当的包容，帮助新生代员工形成创新角色认同，尽最大努力减少新生代员工在创新活动中的阻力和障碍。同时，组织应该帮助新生代员工找到创造力发挥过程中所存在的问题及相应原因，提供充足的人力、财力及政策等支持。另外，组织不仅需要对创新结果进行激励，还要对新生代员工重要的创新行为进行引导和奖励，提高新生代员工个体创新的意愿，进而构建乐于创新及勇于创新的氛围。

第二，形成制度，鼓励创新。领导者应该通过组织制定规范的制度，以奖励新生代员工发挥创造力行为。组织需要针对创新文化建立激励机制、约束机制和凝聚机制。要对新生代员工的创造激情进行鼓励，同时加大对懒散、保守等消极行为的惩处力度，最终使新生代员工创造力的发挥成为其自身的工作常态。另外，在对新生代员工的绩效评价指标设定过程中，应将创造力纳入绩效评价体系中，这将激发更为广大的个体发挥其创造力。除了对具有较高水平创造力的新生代员工给予相应的绩效奖励外，组织也应该重视精神激励，新生代员工在工作过程当中使用了新方法、新技术等，管理者可以采取公开表扬、授予荣誉证书等精神激励方式，对新生代员工个体进行激励。

第三，为了提高新生代员工创造力水平，组织需要定时对新生代员工进行创新相关知识和技能的培训，这样既可以增加新生代员工的创新知识储备，又可以激发新生代员工的创新信念和信心。对新生代员工进行广泛持续的创造力提升专题培训及提供工作外的学习机会，既能够提升新生代员工在工作当中所需要的创造知识及技能，也能够帮助新生代员工个体进行高水平的沟通及交流，能够促使新生代员工之间进行信息分享、知识分享，进而提高新生代员工个体创造力。同时，广泛的学习与培训能够使新生代员工个体提升自身在工作当中的信心以及对工作的态度，并滋生更高的工作满意度、敬业度，进而提升新生代员工在工作过程当中的创作意愿。而且，新生代员工个体学习能够提高员工的创新自我效能感，能够提升员工对工作的努力程度以及相应的工作精神状态，进而提升其工作绩效表现。新生代员工对创造力相关水平的学习能够提升自身对工作的了解，进而降低其工作当中的不确定性情感，从而提升其创造信心。同时，组织需要定期以榜样的力量激发更多新生代员工个体创造力的提升。例如，树立单位创新之星，进而对其他新生代员工的个体创造力形成带头示范作用。另外，领导者应带头进行创新活动，展现创新激情的感染效应，发挥榜样作用。除了树立榜样外，针对绝大多数普通员工也应设立创造力相关的基金，用于奖励具有创造成果的员工，以鼓励普通的员工发挥其创造潜能及从事创造性相关工作。

第四，为了更好地激发新生代员工个体的创造热情，激励创造力水平，领导者应注重工作当中与普通新生代员工的沟通频率和沟通强度。在新生代员工个体创造力发挥的过程中，领导者应站在新生代员工的视角考虑问题，与新生代员工个体进行高质量、高水平的双向沟通。同时，对于具有高水平创造力的新生代员工，领导者可以进行个性化指导及鼓励。领导者应主动走入新生代员工的工作情境，给予新生代员工个体在创造过程当中的情感支持及资源支持。当新生代员工在工作情境之中获得相应的资源支持及情感支持后，其工作满意度及工作归属感将极大地得到提升，进而新生代员工将能够更加积极地面对创造力发挥过程当中所面对的困难及压力，也能够激发新生代员工个体更大的创造激情，使其创造潜能得到充分的发挥。增强新生代员工个体的工作满意度，当新生代员工个体在工作当中得到充足的领导支持，新生代员工的工作满意度将有所提升，新生代员工个体将会积极主动地进行创新，激发自身的创造力。

第五，组织需要认识到新生代员工的自我认知机制在其创新过程中扮演的重要角色。因此，组织应该通过引导新生代员工的自我认知机制进而提升其创造力水平。组织应该注重正向强化对新生代员工创新活动的引导和激发，从而驱使新生代员工对创新性工作绩效产生高度预期，达到提升新生代员工自身创新欲望与能力的目的。

7.3　研究局限与展望

7.3.1　研究局限

本书在理论建设方面做出了一些贡献，并具有一定的实践指导意义，但仍存在局限性。首先，本书所涉及的创造力量表、工作激情量表及社会自我效能感量表均为国外学者在国外情境下开发，尽管这些量表被广泛应用，且在必要的研究中表现出了良好的信度和效度，但与在中国情境下所开发的本土化量表相比，其适用性可能会较差。

其次，本书的研究样本是由研究者自行选择，可能会提高内部效度，但也会削弱外部效度，这有可能限制了研究结果的普遍性。所以，未来研究可以针对类别更加广泛的样本进行更大规模的调研，同时也应该突破地域限制，选择更多省份的样本进行研究。

最后，本书只探讨了领导者追随反原型对新生代员工创造力的影响，证明了二者之间的负向关系。但是由于篇幅限制，未探讨更多的领导者追随反原型后果变量，因此领导者追随反原型与其他后果变量的负向关系并不能得到一并验证，这使领导者负面认知对新生代员工其他方面影响是否为负面未得到证明。未来有必要探讨更多的领导者追随反原型的影响。

7.3.2　研究展望

对于未来研究：第一，可以继续从内隐追随理论的反原型角度开展。尽管本书已从领导者追随反原型视角探讨和验证其对新生代员工创造力的影响，并加入工作激情和社会自我效能感两个变量。未来可以从以下方向继续扩展研究：首先，开拓领导者反原型的前因变量研究，探究领导者反原型形成的原因。例如，领导者的家庭教养方式、人格特质等。其次，可以继续拓展领导者反原型的后果变量研究，以丰富该视角。例如，领导者反原型是否会使追随者产生情绪劳动、离职行为等。再次，本书只探讨了领导者追随反原型与新生代员工创造力之间的中介作用，以及领导者追随反原型与工作激情之间的调节效应。后续研究可引入其他适用的调节变量或中介变量，从而更好地揭示领导者追随反原型对新生代员工创造力影响机理的相关内容。最后，应该基于中国情境下开展对领导者反原型的本土研究。例如，法家文化中的“法治”精神、儒家文化中的“仁爱”等与领导者追随反原型的关系。基于以上拓展研究，内隐追随理论的反原型视角研究将会更为清晰。

第二，应同时对内隐追随原型与反原型进行量表开发。尽管国内学者一直致力于对内隐追随量表的开发，但是多数学者仅关注了追随原型，而忽略了追随反原型。即使学者从两个视角开展研究，但未发现具有独特中国文化基因的因子。由于内隐追随理论属于内隐理论，其难免受到文化的影响。所以，有必要对追随原型及追随反原型结构及其量表进行深挖。另外，本书及现有其他学者研究，在对内隐追随理论进行量表开发时，基本以领导者为研究对象，即研究领导者头脑中对追随者的原型及反原型，但忽略了追随者心目中的追随者原型及反原型。

附　录

附录 I　领导者追随反原型访谈提纲

一、访谈开始

您好！首先非常感谢您能参与我们的访谈。

我们此次访谈的主要目的在于了解领导者对新生代员工的认知。

我们主要是希望通过此次调研，为今后的组织管理提供相应管理建议，帮助管理者和新生代员工成长！

我们会及时将我们的研究结论与您共享！我们不会耽误您太多的时间，在回答问题前，您可以进行几分钟思考，请告知我们您的真实想法。

二、导入性问题

基本信息。

请简单地介绍您的基本情况。

性别：

年龄：

岗位：

单位所属行业：

工作年限：

三、正式问题

请使用 5 个以上的形容词对最不称职员工进行概括，并举例说明每个形容词所对应的具体行为事例。

①＿＿＿＿＿＿＿＿＿＿＿＿＿＿＿＿＿＿＿＿＿＿＿＿＿＿＿＿＿＿＿＿＿

②＿＿＿＿＿＿＿＿＿＿＿＿＿＿＿＿＿＿＿＿＿＿＿＿＿＿＿＿＿＿＿＿＿

③＿＿＿＿＿＿＿＿＿＿＿＿＿＿＿＿＿＿＿＿＿＿＿＿＿＿＿＿＿＿＿＿＿

④＿＿＿＿＿＿＿＿＿＿＿＿＿＿＿＿＿＿＿＿＿＿＿＿＿＿＿＿＿＿＿＿＿

⑤＿＿＿＿＿＿＿＿＿＿＿＿＿＿＿＿＿＿＿＿＿＿＿＿＿＿＿＿＿＿＿＿＿

附录Ⅱ　领导者追随反原型调查问卷（量表开发预测试）

尊敬的先生 / 女士：

您好！首先非常感谢您能在百忙之中填写问卷！本问卷仅限于学术研究，并在此基础上分析领导者对员工的认知结构。我们将对您提供的所有资料严格保密，不存在任何商业用途，更不会泄露您的任何隐私。谢谢您的配合，衷心感谢您的参与！问卷选项没有对错之分，请您根据您的真实情况作答！再次感谢您的配合！

1. 请简单地回答您的基本情况。

性别：

年龄：

岗位：

单位所属行业：

工作年限：

2. 根据您对不称职下属的认知，选择您认为最合适的一项。题项中的“追随者”代指您的下属。1 表示非常不同意，5 表示非常同意。分值越高代表您越赞同。

题项	符合程度				
1. 追随者无法保质保量地完成工作	1	2	3	4	5
2. 追随者无法超额完成工作责任外的工作	1	2	3	4	5

续表

题项	符合程度				
3. 追随者无法做到工作成果突出	1	2	3	4	5
4. 追随者无法完全服从领导工作安排、遵照命令执行	1	2	3	4	5
5. 追随者与领导、同事唱反调	1	2	3	4	5
6. 追随者无法维护领导面子和权威	1	2	3	4	5
7. 追随者无法在他人否定领导时，站出来维护领导	1	2	3	4	5
8. 追随者无法适应并推动新变化	1	2	3	4	5
9. 追随者无法做到工作态度积极	1	2	3	4	5
10. 追随者无法主动参与工作并提供关键和建设性的反馈	1	2	3	4	5
11. 追随者无法快速主动学习新技能	1	2	3	4	5
12. 追随者无法自主找到工作方法并最终完成任务	1	2	3	4	5
13. 追随者无法提出创新性想法和工作方法	1	2	3	4	5
14. 追随者无法进行自我管理情绪	1	2	3	4	5
15. 追随者无法准确意会领导和同事意图	1	2	3	4	5
16. 追随者无法积极与领导和同事进行书面和口头沟通，以获取支持和合作	1	2	3	4	5
17. 追随者无法时时站在领导的角度思考问题	1	2	3	4	5

附录Ⅲ 领导者追随反原型调查问卷（量表开发正式测试）

尊敬的先生 / 女士：

您好！首先非常感谢您能在百忙之中填写问卷！本问卷仅限于学术研究，并在此基础上分析领导者对员工的认知结构。我们将对您提供的所有资料严格保密，不存在任何商业用途，更不会泄露您的任何隐私。谢谢您的配合，衷心感谢您的参与！问卷选项没有对错之分，请您根据您的真实情况作答！再次感谢您的配合！

1. 请简单地回答您的基本情况。

性别：

年龄：

岗位：

单位所属行业：

工作年限：

2. 根据您对不称职下属的认知，选择您认为最合适的一项。题项中的“追随者”代指您的下属。1 表示非常不同意，5 表示非常同意。分值越高代表您越赞同。

题项	符合程度				
1. 追随者无法保质保量地完成工作	1	2	3	4	5
2. 追随者无法超额完成工作责任外的工作	1	2	3	4	5
3. 追随者无法做到工作成果突出	1	2	3	4	5
4. 追随者无法完全服从领导工作安排、遵照命令执行	1	2	3	4	5
5. 追随者与领导、同事唱反调	1	2	3	4	5
6. 追随者无法维护领导面子和权威	1	2	3	4	5
7. 追随者无法适应并推动新变化	1	2	3	4	5
8. 追随者无法主动参与工作并提供关键和建设性的反馈	1	2	3	4	5
9. 追随者无法自主找到工作方法并最终完成任务	1	2	3	4	5
10. 追随者无法进行自我管理情绪	1	2	3	4	5
11. 追随者无法准确意会领导和同事意图	1	2	3	4	5
12. 追随者无法积极与领导和同事进行书面和口头沟通，以获取支持和合作	1	2	3	4	5

附录Ⅳ　领导者追随反原型调查问卷

尊敬的先生 / 女士：

您好！首先非常感谢您能在百忙之中填写问卷！本问卷仅限于学术研究，并在此基础上分析领导者对员工的认知结构。我们将对您提供的所有资料严格保密，不存在任何商业用途，更不会泄露您的任何隐私。谢谢您的配合，衷心感谢您的参与！问卷选项没有对错之分，请您根据您的真实情况作答！再次感谢您的配合！

1. 请简单地回答您的基本情况。

性别：

年龄：

岗位：

教育背景：

2. 根据您对不称职下属的认知，选择您认为最合适的一项。1 表示非常不同意，7 表示非常同意。分值越高代表您越赞同。

题项	符合程度						
1. 员工无法保质保量地完成工作	1	2	3	4	5	6	7
2. 员工无法超额完成工作责任外的工作	1	2	3	4	5	6	7
3. 员工无法做到工作成果突出	1	2	3	4	5	6	7
4. 员工无法完全服从领导工作安排、遵照命令执行	1	2	3	4	5	6	7
5. 员工与领导、同事唱反调	1	2	3	4	5	6	7
6. 员工无法维护领导面子和权威	1	2	3	4	5	6	7
7. 员工无法适应并推动新变化	1	2	3	4	5	6	7
8. 员工无法主动参与工作并提供关键和建设性的反馈	1	2	3	4	5	6	7
9. 员工无法自主找到工作方法并最终完成任务	1	2	3	4	5	6	7
10. 员工无法进行自我管理情绪	1	2	3	4	5	6	7
11. 员工无法准确意会领导和同事意图	1	2	3	4	5	6	7
12. 员工无法积极与领导和同事进行书面和口头沟通，以获取支持和合作	1	2	3	4	5	6	7

附录Ⅴ 新生代员工创造力调查问卷

尊敬的先生 / 女士：

您好！首先非常感谢您能在百忙之中填写问卷！本问卷仅限于学术研究，并在此基础上分析领导者对员工的认知结构。我们将对您提供的所有资料严格保密，不存在任何商业用途，更不会泄露您的任何隐私。

谢谢您的配合，衷心感谢您的参与！问卷选项没有对错之分，请您根据您的真实情况作答！再次感谢您的配合！

1. 请简单地回答您的基本情况。

性别：

年龄：

岗位：

单位所属行业：

工作年限：

2. 根据您的实际情况，选择您认为最合适的一项。1 表示非常不同意，7 表示非常同意。分值越高代表您越赞同。

题项	符合程度						
1. 工作中，我是高度创造性想法的好来源	1	2	3	4	5	6	7
2. 能够在工作中表现出原创性	1	2	3	4	5	6	7
3. 能够提出做工作的全新方式	1	2	3	4	5	6	7
4. 能够使用以前已有的想法或以适当的新方式工作	1	2	3	4	5	6	7
5. 非常善于调整已有的想法和创意	1	2	3	4	5	6	7
6. 能够修改以前已有的工作流程以适应当前的需求	1	2	3	4	5	6	7

附录Ⅵ　新生代员工工作激情调查问卷

尊敬的先生 / 女士：

您好！首先非常感谢您能在百忙之中填写问卷！本问卷仅限于学术研究，并在此基础上分析领导者对员工的认知结构。我们将对您提供的所有资料严格保密，不存在任何商业用途，更不会泄露您的任何隐私。谢谢您的配合，衷心感谢您的参与！问卷选项没有对错之分，请您根据您的真实情况作答！再次感谢您的配合！

1. 请简单地回答您的基本情况。

性别：

年龄：

岗位：

单位所属行业：

工作年限：

2. 根据您的实际情况，选择您认为最合适的一项。1 表示非常不同意，7 表示非常同意。分值越高代表您越赞同。

题项	符合程度						
1. 我的工作使我体验到各种经历	1	2	3	4	5	6	7
2. 工作中发现的新事情，让我更加欣赏它	1	2	3	4	5	6	7
3. 我的工作让生活有了难忘的经历	1	2	3	4	5	6	7
4. 我的工作反映出了我自己喜欢的要素	1	2	3	4	5	6	7
5. 我的工作与生活中的其他活动相协调	1	2	3	4	5	6	7
6. 对我来说工作激情仍然能够控制	1	2	3	4	5	6	7
7. 我完全被工作吸引了	1	2	3	4	5	6	7
8. 离开了工作，我不能养活自己	1	2	3	4	5	6	7
9. 我感受到强烈的外部推力，让我不得不做自己的工作	1	2	3	4	5	6	7
10. 想象我的生活没有这项工作会是什么样子	1	2	3	4	5	6	7
11. 我在情感上依赖我的工作	1	2	3	4	5	6	7
12. 我很难控制自己要去工作的需要	1	2	3	4	5	6	7
13. 我有一种被工作控制的感觉	1	2	3	4	5	6	7
14. 这是否能去工作决定了我情绪状态的好坏	1	2	3	4	5	6	7

附录Ⅶ　新生代员工社会自我效能感调查问卷

尊敬的先生 / 女士：

您好！首先非常感谢您能在百忙之中填写问卷！本问卷仅限于学术研究，并在此基础上分析领导者对员工的认知结构。我们将对您提供的所有资料严格保密，不存在任何商业用途，更不会泄露您的任何隐私。

谢谢您的配合，衷心感谢您的参与！问卷选项没有对错之分，请您根据您的真实情况作答！再次感谢您的配合！

1. 请简单地回答您的基本情况。

性别：

年龄：

岗位：

单位所属行业：

工作年限：

2. 根据您的实际情况，选择您认为最合适的一项。1表示非常不同意，7表示非常同意。分值越高代表您越赞同。

题项	符合程度						
1. 邀请同事参加公司为同事举办的生日派对	1	2	3	4	5	6	7
2. 和同事一起交换节日礼物	1	2	3	4	5	6	7
3. 参加与同事的集体午餐或晚餐	1	2	3	4	5	6	7
4. 在员工会议之前和你的同事闲聊	1	2	3	4	5	6	7
5. 和同事一起参加游戏之夜	1	2	3	4	5	6	7
6. 在公司活动中与上司交往	1	2	3	4	5	6	7
7. 向一群潜在客户展示	1	2	3	4	5	6	7
8. 在员工会议上向同事展示当前工作项目的结果	1	2	3	4	5	6	7
9. 在员工会议上表达你的观点	1	2	3	4	5	6	7
10. 在你的工作单位促进小组讨论	1	2	3	4	5	6	7
11. 在专业会议上代表贵公司向广大听众作报告	1	2	3	4	5	6	7
12. 在你的主管和其他经理参加的管理会议上展示一个工作项目	1	2	3	4	5	6	7
13. 就你不公平的绩效评估与你的上司交涉，而不与他产生紧张关系	1	2	3	4	5	6	7
14. 你的上司要求你在有约会的那天加班，你有多大的信心拒绝这个要求而不给人留下不好的印象	1	2	3	4	5	6	7
15. 询问你的主管对你最近完成项目表现的反馈意见	1	2	3	4	5	6	7

续表

题项	符合程度						
16. 在一个项目上，同事向你寻求帮助，而你没有时间。你有多大的信心在说“不”的同时不破坏你和他的关系	1	2	3	4	5	6	7
17. 给同事负面的工作表现反馈而不让他失望	1	2	3	4	5	6	7
18. 你注意到你的同事对他当前的工作项目感到沮丧。你有多大的信心带他出去吃午餐，给他支持	1	2	3	4	5	6	7
19. 让同事帮你完成工作	1	2	3	4	5	6	7
20. 当你在完成工作上遇到困难时，向你的上司寻求帮助	1	2	3	4	5	6	7
21. 在快到截止日期时向同事寻求帮助	1	2	3	4	5	6	7
22. 为一位同事提供帮助，如果他正在处理的项目让他或她不知所措	1	2	3	4	5	6	7

参考文献

［1］Afsar B., Badir Y. & Kiani U. S. Linking Spiritual Leadership and Employee Pro-environmental Behavior：The Influence of Workplace Spirituality, Intrinsic motivation, and Environmental Passion［J］. Journal of Environmental Psychology, 2016, 45（5）：79-88.

［2］Ahmad Z. R., Yasien S. & Ahmad R. Relationship between Perceived Social Self-efficacy and Depression in Adolescents［J］. Iranian Journal of Psychiatry & Behavioral Sciences, 2014, 8（3）：65-74.

［3］Akin A., Akin U. Academic Potential Beliefs and Feelings and Life Satisfaction：The Mediator Role of Social Self-efficacy［J］. Revista de Psicología Social, 2016, 12（6）：1-21.

［4］Alemdag S. The Role of Social Self-efficacy on Physical Activity：A Cross-cultural Comparision［J］. Journal of Education & Training Studies, 2018, 6（5）：40-46.

［5］Alipour K. K., Mohammed S. & Martinez P. N. Incorporating Temporality into Implicit Leadership and Followership Theories：Exploring Inconsistencies between Time-based Expectations and Actual Behaviors［J］. Leadership Quarterly, 2017, 28（2）, 300-316.

［6］Amabile T. M. Creativity and Innovation in Organizations［J］. Harvard Business Review, 1996, 46（1）：3-15.

［7］Amabile T. M. The Social Psychology of Creativity：A Componential Conceptualization［J］. Contemporary Sociology, 1983, 13（5）：637.

［8］Amabile T. M., Pillemer J. Perspectives on the Social Psychology of Creativity［J］. Journal of Creative Behavior, 2012, 46（1）: 3–15.

［9］Anderson N., Potocnik K. & Zhou J. Innovation and Creativity in Organizations : A State-of-the-science Review, Prospective Commentary, and Guiding Framework［J］. Journal of Management, 2014, 40（5）: 1297–1333.

［10］Bandura A., Kupers C. J. Transmission of Patterns of Self-reinforcement Through Modeling［J］. Abnorm Psychol, 1964, 69（1）: 1–9.

［11］Bandura A. Self - Efficacy［M］. Corsini Encyclopedia of Psychology, 2010 : 236–238.

［12］Bandura A. Social Foundations of Thought and Action : A Social Cognitive Theory［M］. New Jersey : Prentice-Hall, 1986 : 62–65.

［13］Basu R., Green S. G. Leader-member Exchange and Transformational Leadership : An Empirical Examination of Innovative Behaviors in Leader-member Dyads［J］. Journal of Applied Social Psychology, 1997, 27（6）: 477–499.

［14］Bélanger J. J., Pierro A., Kruglanski A. W., et al. On Feeling good at Work : The Role of Regulatory Mode and Passion in Psychological Adjustment［J］. Journal of Applied Social Psychology, 2015, 45（6）: 319–329.

［15］Binyamin G., Carmeli A. Does Structuring of Human Resource Management Processes Enhance Employee Creativity? The Mediating Role of Psychological Availability［J］. Human Resource Management, 2010, 49（6）: 999–1024.

［16］Birkeland I. K., Richardsen A. M. & Dysvik A. The Role of Passion and Support Perceptions in Changing Burnout : A Johnson-Neyman Approach［J］. International Journal of Stress Management, 2018, 25（2）: 132–145.

［17］Braun S., Stegmann S., Hernandez A. S., et al. Think Manager—Think Male, Think Follower—Think Female : Gender Bias in Implicit Followership Theories［J］. Journal of Applied Social Psychology, 2017, 47

(2): 58–70.

[18] Carsten M. K., Uhl–Bien M. Ethical Followership an Examination of Followership Beliefs and Crimes of Obedience [J] . Journal of Leadership & Organizational Studies, 2013, 123 (1): 49–61.

[19] Carsten M. K., Uhl–Bien M. Follower Beliefs in the Co–production of Leadership Examining Upward Communication and the Moderating Role of Context[J]. Zeitschrift Für Psychologie, 2015, 220(4): 210–220.

[20] Carsten M. K., Uhl–Bien M., West B. J., et al. Exploring Social Constructions of Followership : A Qualitative Study [J] . Leadership Quarterly, 2010, 21 (3): 543–562.

[21] Černe M., Hernaus T., Dysvik A., et al. The Role of Multilevel Synergistic Interplay among Team Mastery Climate, Knowledge Hiding, and Job Characteristics in Stimulating Innovative Work Behavior [J] . Human Resource Management Journal, 2017, 27 (2): 281–299.

[22] Chang J. H., Teng C. C. Intrinsic or Extrinsic Motivations for Hospitality Employees' Creativity : The Moderating Role of Organization–level Regulatory Focus [J] . International Journal of Hospitality Management, 2017, 60 (3): 133–141.

[23] Chang S., Jia L., Takeuchi R., et al. Do High–commitment Work Systems Affect Creativity ? A Multilevel Combinational Approach to Employee Creativity [J] . Journal of Applied Psychology, 2014, 99 (4): 665–680.

[24] Chen P., Ellsworth P. C. & Schwarz N. Finding a Fit or Developing It : Implicit Theories About Achieving Passion for Work [J] . Personality & Social Psychology Bulletin, 2015, 41 (10): 1411.

[25] Chen X. P., Yao X. & Kotha S. Entrepreneur Passion and Preparedness in Business Plan Presentations : A Persuasion Analysis of Vnture Capitalists' Funding Decisions [J] . Academy of Management Journal, 2009, 52 (1): 199–214.

[26] Clercq D. D., Honing B. & Martin B. The Roles of Learning Orientation and Passion for Work in the Formation of Entrepreneurial Intention [J] . International Small Business Journal, 2013, 31 (6) : 652–676.

[27] Collewaert V., Anseel F., & Crommelinck M., et al. When Passion Fades : Disentangling the Temporal Dynamics of Entrepreneurial Passion for Founding [J] . Social Science Electronic Publishing, 2016, 11 (5): 124–141.

[28] Cremer D. D., Ouden N. D. "When Passion Breeds Justice": Procedural Fairness Effects as a Function of Authority's Passion [J] . European Journal of Social Psychology, 2010, 39 (3): 384–400.

[29] Cunningham B. J., Lischeron J. Defining Entreprenurship [J] . Journal of Small Business Management, 1991, 29 (1): 45–61.

[30] Dalborg C., Wincent J. The Idea is not Enough : The Role of Self-efficacy in Mediating the Relationship between Pull Entrepreneurship and Fouder Passiona Research Note [J] . International Small Business Journal, 2015, 33 (8): 974–984.

[31] Dedreu C. K., Bas M. & Nijstad B. A. Hedonic Tone and Activation Level in the Mood-creativity Link : Toward a Dual Pathway to Creativity Model [J] . Journal of Personality & Social Psychology, 2008, 94 (5): 739.

[32] Derler A., Weibler J. The Ideal Employee : Context and Leaders' Implicit Follower Theories [J] . Leadership & Organization Development Journal, 2014, 35 (5) : 386–409.

[33] DeRue S., Ashford S. Who will Lead and Who will Follow ? A Social Process of Leadership Identity Construction in Organizations [J] . Academy of Management Review, 2010, 35 (4) : 627–647.

[34] Ditchman N., Sung C., Easton A. B., et al. Symptom Severity and Life Satisfaction in Brain Injury : The Mediating Role of Disability Acceptance and Social Self-efficacy[J]. Neuro Rehabilitation, 2017, 40(4): 531–543.

[35] Dong Y., Liao H., Chuang A., et al. Fostering Employee Service Creativity : Joint Effects of Customer Empowering Behaviors and Supervisory Empowering Leadership[J]. Journal of Applied Psychology, 2015, 100(5): 1364-1380.

[36] Dong L., Jiang K., Shalley C. E., et al. Motivational Mechanisms of Employee Creativity : A Meta-analytic Examination and Theoretical Extension of the Creativity Literature [J] . Organizational Behavior & Human Decision Processes, 2016, 137 (11): 236-263.

[37] Dunbar R. L., Dingel M. J., Dame L. F., et al. Student Social Self-efficacy, Leadership Status, and Academic Performance in Collaborative Learning Environments [J] . Studies in Higher Education, 2016, 43 (9): 1-17.

[38] Duong J. Leaders' Conceptions and Evaluations of Followers as Antecedents of Leadership Style, Leader-member Exchange and Employee Outcomes [D] . San Diego : Alliant International University, 2012.

[39] Elif M. Ç., Dong X. & Liew J. An Examination of the Relationship Between Social Self-efficacy and Personal Growth Initiative in International CSontext [J]. International Journal of Intercultural Relations, 2017, 61 (3): 88-96.

[40] Epitropaki O., Sy T., Martin R., et al. Implicit Leadership and Followership Theories in the wild : Taking Stock of Information-processing Approaches to Leadership and Followership in Organizational Settings [J] . Leadership Quarterly, 2013, 24 (6): 858-881.

[41] Fairhurst G. T., Grant D. The Social Construction of Leadership : A Sailing Guide [J]. Management Communication Quarterly, 2010, 24 (2): 171-210.

[42] Fan J., Litchfield R. C., et al. Workplace Social Self-efficacy : Concept, Measure, and Initial Validity Evidence [J] . Journal of Career Assessment, 2013, 21 (1): 91-110.

[43] Fan J., Meng H., Gao X., et al. Validation of a U.S. Adult Social

Self-efficacy Inventory in Chinese Populations：Erratum［J］. Journal of Career Assessment，2012，21（3）：473-496.

［44］Fan J.，Meng H.，Zhao B.，Patel T.，et al. Further Validation of a U.S. adult social Self-efficacy Inventory in Chinese Populations［J］. Journal of Career Assessment，2012，20（4）：463-478.

［45］Farmer S. M.，Tierney P. & Kungmcintyre K. Employee Creativity in Taiwan：An Application of Role Identity Theory［J］. Academy of Management Journal，2003，46（5）：618-630.

［46］Fernet C.，Lavigne G. L.，Vallerand R. J.，et al. Fired up with Passion：Investigating How Job Autonomy and Passion Predict Burnout at Career Start in Teachers［J］. Work & Stress，2014，28（3）：270-288.

［47］Field R. D.，Renée M. T. & Reeseweber M. Agreeableness，Social Self-Efficacy，and Conflict Resolution Strategies［J］. Journal of Individual Differences，2014，35（2）：95.

［48］Foster R. H.，Russell C. C.，Dillon R.，et al. Relations among Optimism，Perceived Health Vulnerability，and Academic，Self-regulatory，and Social Self-efficacy in Adolescent Survivors of Childhood Cancer［J］. Journal of Psychosocial Oncology，2014，32（2）：207-223.

［49］Foti R. J.，Hansbrough T. K.，Epitropaki O.，et al. Dynamic Viewpoints on Implicit Leadership and Followership Theories：Approaches，Findings，and Future Directions［J］. Leadership Quarterly，2017，28（2）：261-267.

［50］Gaba V.，Bhattacharya S. Aspirations，Innovation，and Corporate Venture Capital：A Behavioral Perspective［J］. Strategic Entrepreneurship Journal，2012，6（2）：178-199.

［51］George J. M.，Zhou J. Understanding When Bad Moods Foster Creativity and Good Ones don’t：The Role of Context and Clarity of Feelings［J］. Journal of Applied Psychology，2002，87（4）：687-697.

［52］Gilson L. L.，Lim H. S.，Luciano M. M.，et al. Unpacking the Cross-level Effects of Tenure Diversity，Explicit Knowledge，and

Knowledge Sharing on Individual Creativity [J] . Journal of Occupational and Organizational Psychology, 2013, 86 (2): 203–222.

[53] Glazer B. G., Strauss A. L. The Discovery of Frounded Theory Strategies for Qualitative Research [M] . Chicago : Aldine Publishing Companey, 1967 : 110–112.

[54] Gu J., Song J. & Wu J. Abusive Supervision and Employee Creativity in China : Departmental Identification as Mediator and Face as Moderator [J] . Leadership & Organization Development Journal, 2016, 37 (8): 1187–1204.

[55] Guilford J. P. Creativity [J]. American Psychologist, 1950, 5 (9): 444–454.

[56] Guilford J. P. Traits of Creativity [J] . Creativity & Its Cultivation, 1959, 24 (2): 115–126.

[57] Harris T. B., Li N., Boswell W. R., et al. Getting What' s New from Newcomers : Empowering Leadership, Creativity, and Adjustment in the Socialization Context [J] . Personnel Psychology, 2013, 67 (3): 567–604.

[58] Higgins L. F., Qualls S. H. & Couger J. D. The Role of Emotions in Employee Creativity [J]. The Journal of Creative Behavior, 1992, 26 (2): 119–129.

[59] Hirst G., Van Knippenberg D., Zhou J., et al. Heard it through the Grapevine : Indirect Networks and Employee Creativity [J] . Journal of Applied Psychology, 2015, 100 (2): 567–574.

[60] Hobfoll S. E. Conservation of Resources : A new Attempt at Conceptualizing Stress [J] . Am Psychol, 1989, 44 (3): 513.

[61] Hofstede G. Culture and Organizations [J] . International Studies of Management & Organization, 1980, 10 (4): 15–41.

[62] Houlfort N., Philippe F. L., Bourdeau S., et al. A Comprehensive Understanding of the Relationships between Passion for Work and Work–family Conflict and the Consequences for Psychological Distress [J] .

International Journal of Stress Management, 2017, 60（4）: 253–272.

[63] Ika I., Noni S. The Impact of Work Passion on Work Performance : The Moderating Role of P–O Fit and Meaningfulness of Work [J] . Diponegoro International Journal of Business, 2018, 1（1）: 26–32.

[64] Isen A. M., Daubman K. A. & Nowicki G. P. Positive Affect Facilitates Creative Problem Solving [J] . Journal of Personality & Social Psychology, 1987, 53（6）: 1122.

[65] Jaiswal N. K., Dhar R. L. The Influence of Servant Ieadership, Trust in Leader and Thriving on Employee Creativity [J] . Leadership & Organization Development Journal, 2017, 38（1）: 2–21.

[66] Jiang W., Gu Q. A Moderated Mediation Examination of Proactive Personality on Employee Creativity [J] . Journal of Organizational Change Management, 2015, 28（3）: 393–410.

[67] Jiang J. Y., Law K. S. & Sun J. J. M. Leader–member Relationship and Burnout : The Moderating Role of Leader Integrity [J] . Management and Organization Review, 2014, 10（2）: 223–247.

[68] Junker N. M., Stegmann S., Braun S., et al. The Ideal and the Counter–ideal Follower–advancing Implicit Followership Theories [J] . Leadership & Organization Development Journal, 2016, 37（8）: 1205–1222.

[69] Kedharnath U. The Influence of Ieaders' Implicit Followership Theories on Employee OIutcomes [D] . Colorado State University, 2011.

[70] Kim H., Ji J. & Kao D. Burnout and Physical Health among Social Workers : A Three–year Longitudinal Study [J] . Soc Work, 2011, 56（3）: 258–268.

[71] Kong D. T., Ho V. T. The Performance Implication of Obsessive Work Passion : Unpacking the Moderating and Mediating Mechanisms from a Conservation of Resources Perspective [J] . European Journal of Work & Organizational Psychology, 2018, 27（2）: 1–11.

[72] Kong M., Gao P. & Yang L. How does Implicit Followership

Theories Influence Employee' s Creativity [C] . America : Academy of Management Annual Meeting Proceedings, 2016 (1): 27–39.

[73] Kong M., Xu H., Zhou A., et al. Implicit Followership Theory to Employee Creativity : The Roles of Leader–member Exchange, Self–efficacy and Intrinsic Motivation [J] . Journal of Management & Organization, 2017, 18 (7): 1–15.

[74] Kopelman R. E., Prottas D. J. & Falk D. W. Construct Validation of a Theory X/Y Behavior Scale [J] . Leadership & Organization Development Journal, 2010, 31 (2): 120–135.

[75] Lafrenière M. A. K., Bélanger J. J., Sedikides C., et al. Self–esteem and Passion for Activities [J] . Personality & Individual Differences, 2011, 51 (4): 541–544.

[76] Lavigne G. L., Jacques J. Passion at Work and Burnout : A Two–study Test of the Mediating Role of flow Experiences [J] . European Journal of Work & Organizational Psychology, 2012, 21 (4): 518–546.

[77] Lee K. & Allen N. J. Organizational Citizenship Behavior and Workplace Deviance : The Role of Affect and Cognitions [J] . Journal of Applied Psychology, 2002, 87 (1): 131–142.

[78] Levinson H. Reciprocation : The Relationship between Man and Organization [J] . Administrative Science Quarterly, 1965, 9 (4): 370–390.

[79] Li C., Zhao H. & Begley T. M. Transformational Ieadership Dimensions and Employee Creativity in China : A Cross–level Analysis [J] . Journal of Business Research, 2015, 68 (6): 1149–1156.

[80] Liden R. C., Wayne S. J., Liao C., et al. Servant Ieadership and Serving Culture : Influence on Individual and Unit Performance [J] . Academy of Management Journal, 2014, 57 (5): 1434–1452.

[81] Liu D., Chen X. P. & Yao X. From Autonomy to Creativity : A Multilevel Investigation of the Mediating Role of Harmonious Passion [J] . Journal of Applied Psychology, 2011, 96 (2): 294.

［82］Liu D.，Liao H. & Loi R. The Dark Side of Leadership：A Three-level Investigation of the Cascading Effect of Abusive Supervision on Employee Creativity［J］. Academy of Management Journal，2012，55（5）：1187-1212.

［83］Liu S.，Schuler R. S. & Zhang P. External Learning Activities and Employee Creativity in Chinese R&D Teams［J］. Cross Cultural Management-an International Journal，2013，20（3）：429-448.

［84］Lord R. G.，Maher K. J. Leadership and Information Processing［J］. Routledge，2010，18（3）：112-128.

［85］Lord R. G.，Maher K. J. Alternative Information-processing Models and Their Implications for Theory，Research，and Practice［J］. Academy of Management Review，1990，15（1）：9-28.

［86］Lord R. G. An Information Processing Approach to Social Perceptions，Ieadership and Behavioral Measurement in Organizations［J］. Research in Organizational Behavior，1985，22（5）：87-128.

［87］Lord R. G.，Brown D. J.，Harvey J. L.，et al. Contextual Constraints on Prototype Generation and Their Multilevel Consequences for Leadership Perceptions［J］. Leadership Quarterly，2001，12（3）：311-338.

［88］Lord R. G.，Foti R. J. & Devader C. L. A Test of Leadership Categorization Theory：Internal Structure，Information Processing，and Leadership Perceptions［J］. Organizational Behavior & Human Performance，1984，34（3）：343-378.

［89］Mageau G. A.，Carpentier J. & Vallerand R. J. The Role of Self-esteem Contingencies in the Distinction between Obsessive and Harmonious Passion［J］. European Journal of Social Psychology，2011，41（6）：720-729.

［90］Mom T. J. M.，Van D. B. & Volberda H. W. Investigating Managers' Exploration and Exploitation Activities：The Influence of Top-down，Bottom-up，and Horizontal Knowledge Inflows［J］. Journal of

Management Studies, 2010, 44 (6): 910–931.

[91] Ng T. W. & Feldman D. C. Ethical Ieadership : Meta–analytic Evidence of Criterion–related and Incremental Validity [J] . Journal of Applied Psychology, 2015, 100 (3): 948–965.

[92] Raskauskas J., Rubiano S., Offen I., et al. Do Social Self–efficacy and Self–esteem Moderate the Relationship between Peer Victimization and Academic Performance? [J]. Social Psychology of Education, 2015, 18(2): 297–314.

[93] Ribot T. An Essay on Eastern Philosophy by Motora [J] . Revue Philosophique De La France Et De Létranger, 1905, 60 (2): 642–645.

[94] Rosch E., Mervis C. B., Gray W. D., et al. Basic Objects in Natural Categories [J] . Cognitive Psychology, 1976, 8 (3): 382–439.

[95] Schwartz J. Passion for Activities and Relationship Quality [J] . Journal of Social & Personal Relationships, 2012, 220 (6): 1330–1331.

[96] Selye H. Stress and the General Adaptation Syndrome [J] . British Medical Journal, 1950, 1 (4667): 1383–1392.

[97] Shally C. E., Gilson L. L. & Blum T. C. Interactive Effects of Growth need Strength, Work Context, and Job Complexity on Self–reported Creative Performance [J]. Academy of Management Journal, 2009, 52 (3): 489–505.

[98] Shondrick S. J., Lord R. G. Implicit Ieadership and Followership Theories : Dynamic Structures for Leadership Perceptions, Memory, Ieader - follower Processes [M] . International Review of Industrial and Organizational Psychology, 2010 : 102–123.

[99] Smith M., Betz N. E. Development and Validation of A Scale of Perceived Social Self–efficacy [J] . Journal of Career Assessment, 2000, 8 (3): 283–301.

[100] Smorti M. Expectations towards Future, Resiliency, Social Self–efficacy in Adolescents after Bone Cancer Treatment [J] . Procedia–Social and Behavioral Sciences, 2015, 185 (5): 123–127.

[101] Spector P. E. Job Satisfaction : Application, Assessment, Causes, and Consequences [M] . Sage Publications, 1997 : 21–36.

[102] Stegmann S., Braun S., Junker N., Dick R., et al. Getting Older and Living up to Implicit Followership Theories : Implications for Employee Psychological Health and Job Attitudes [J] . Journal of Applied Social Psychology, 2020, 50 (2): 65–81.

[103] Sternberg R. J. Implicit Theories of Intelligence, Creativity, and Wisdom [J] . Journal of Personality & Social Psychology, 1985, 49 (49): 607–627.

[104] Stlouis A. C., Carbonneau N. & Vallerand R. J. Passion for a Cause : How it Affects Health and Subjective Well–being [J] . Journal of Personality, 2016, 84 (3): 263–276.

[105] Stobbeleir K. E., Ashford S. J. & Buyens D. Self–regulation of Creativity at Work : The Role of Feedback–seeking Behavior in Creative Performance [J] . Academy of Management Journal, 2011, 54 (4): 811–831.

[106] Sy T. What do You Think of Followers ? Examining the Content, Structure, and Consequences of Implicit Followership Theories [J] . Organizational Behavior and Human Decision Processes, 2010, 113 (2): 73–84.

[107] Tang Y., Huang X. & Wang Y. Good marriage at Home, Creativity at Work : Family–work Enrichment Effect on Workplace Creativity [J] . Journal of Organizational Behavior, 2017, 38 (5): 132–145 .

[108] Teresa M. & Amabile J. P. Perspectives on the Social Psychology of Creativity [J] . The Journal of Creative Behavior, 2012, 46 (1): 3–15.

[109] Thorgren S. & Wincent J. Passion and Challenging Goals : Drawbacks of Rushing into Goal–setting Processes [J] . Journal of Applied Social Psychology, 2013, 43 (11): 2318–2329.

[110] Tramquon S. An Exploratory Study on the Development of an Implicit Measure of Implicit Followership Theory Using the Implicit

Association Test [J] . Dissertations & Theses – Gradworks, 2013, 79 (9): 3033–3039.

[111] Uhl–Bien M., Riggio R. E., Lowe K. B., et al. Followership Theory : A Review and Research Agenda [J] . The Leadership Quarterly, 2014, 25 (1): 83–104.

[112] Vallerand R. J., Houlfort N. Passion at Work : Toward a New Conceptualization [M] . North Carolina : Information Age Publishing, 2003 : 175–204.

[113] Van S. J. R., Motowidlo S. J. Interpersonal Facilitation and Job Dedication as Separate Facets of Contextual Performance [J] . Journal of Applied Psychology, 1996, 81 (5): 525–531.

[114] Wei L. Q., Liu J., Chen Y. Y., et al. Political Skill, Supervisor–subordinate Guanxi and Career Prospects in Chinese Firms [J] . Journal of Management Studies, 2010, 47 (3): 437–454.

[115] Whiteley P., Sy T., Johnson S. K. Leaders' Conceptions of Followers : Implications for Naturally Occurring Pygmalion Effects [J] . Leadership Quarterly, 2012, 23 (5): 822–834.

[116] Williams L. J. Job Satisfaction and Organizational Commitment as Predictors of Organizational Citizenship and In–role Cehaviors [J] . Journal of Management, 1991, 17 (3): 601–617.

[117] Yip J. How Implicit Assumptions about Followers Shape the Mentoring Behaviors of Top Executives [J] . Academy of Management Annual Meeting Proceedings, 2013, 1 (13), 11572.

[118] Zhang Y., Long L., Wu T. Y., et al. When is Pay for Performance Related to Employee Creativity in the Chinese Context ? The Role of Guanxi HRM Practice, Trust in Management, and Intrinsic Motivation [J] . Journal of Organizational Behavior, 2015, 36 (5): 698–719.

[119] Zhou J., George J. M. Awakening Employee Creativity : The Role of Leader Emotional Intelligence [J] . Leadership Quarterly, 2003, 14 (4): 545–568.

［120］Zhou J.，Shalley C. E. & Press P. Handbook of Organizational Creativity［M］. New Jersey：Lawrence Erlbaum Associates，2008：122-125.

［121］Zigarmi D.，Nimon K.，Houson D.，et al. A Preliminary Field Test of an Employee Work Passion Model［J］. Human Resource Development Quarterly，2011，22（2）：195-221.

［122］Zullig K. J.，Valois R. F. Perceptions of Harm from Substance Use and Social Self-efficacy among Early Adolescents［J］. Journal of Drug Education，2016，46（34）：96-108.

［123］安彦蓉，杨东涛，詹小慧. 追求成长的员工如何提升创造力：以自我学习为中介［J］. 河海大学学报（哲学社会科学版），2019，21（1）：71-78.

［124］步琼，张莉，杜亚娜. 感知团队异质性对员工创造力的影响：二元工作压力的调节作用［J］. 工业工程与管理，2018，23（1）：135-142.

［125］曹元坤，祝振兵. 内隐追随理论：概念、测量、前因及后果［J］. 心理科学进展，2015，23（2）：280-288.

［126］陈建，赵轶然，陈晨等. 社会排斥对生活满意度的影响研究：社会自我效能感与社会支持的作用［J］. 管理评论，2018，30（9）：256-267.

［127］陈亮，张小林. 变革领导力对员工变革支持行为的影响研究——工作激情的中介作用［J］. 世界科技研究与发展，2014，36（1）：53-58.

［128］陈璐，柏帅皎，王月梅. CEO 变革型领导与高管团队创造力：一个被调节的中介模型［J］. 南开管理评论，2016，19（2）：63-74.

［129］陈璐，杨百寅，井润田. 战略型领导与高管团队成员创造力：基于高科技企业的实证分析［J］. 管理评论，2015，27（3）：26-42.

［130］陈翼然，雷星晖，单志汶等. 谦卑型领导风格对创新的压力——员工创造力曲线关系的调节作用［J］. 科技管理研究，2017，37（1）：139-143.

［131］陈致中，张德．中国背景下组织人际和谐结构与作用机制研究［J］．科学管理研究，2010，28（1）：84-90．

［132］程红玲，陈维政．情绪调节对工作倦怠的影响作用分析［J］．心理科学进展，2010，18（6）：971-979．

［133］褚晓伟，范翠英，柴唤友等．初中生受欺负与社交焦虑：社会自我效能感的中介作用［J］．中国临床心理学杂志，2016（6）：1051-1054．

［134］戴万亮，杨皎平，李庆满．和气生财？内部社会资本对团队成员创造力的倒U型影响［J］．科学学与科学技术管理，2016，37（10）：142-152．

［135］丁栋虹，张翔．创造力自我效能对员工创造力的影响机制［J］．经济与管理研究，2016，37（9）：115-125．

［136］丁红枫，孙连坤．工作激情影响员工创新的认知路径［J］．领导科学，2018（20）：72-78．

［137］丁琳，耿紫珍，白少君等．工作压力对员工创造力的权变作用——心理授权的调节效应［J］．科技进步与对策，2017，34（17）：148-153．

［138］方慧，何斌，张倩．领导对创造力及创新绩效的影响机制研究综述［J］．华东经济管理，2017，31（12）：60-66．

［139］耿紫珍，赵佳佳，丁琳．中庸的智慧：上级发展性反馈影响员工创造力的机理研究［J］．南开管理评论，2020，23（1）：75-86．

［140］贡喆，彭杨，王贤等．高恶意创造力者的注意偏向和冲动控制特征［J］．中国临床心理学杂志，2017，25（4）：613-617．

［141］古银华，卿涛，杨付等．包容型领导对下属创造力的双刃剑效应［J］．管理科学，2017，30（1）：119-130．

［142］顾佳旎，孟慧，范津砚．社会自我效能感的结构、测量及其作用机制［J］．心理科学进展，2014，22（11）：1791-1800．

［143］郭衍宏，高英，李思志．创业型领导对追随者创造力的影响——工作情境与非工作情境双路径研究［J］．科技进步与对策，2019，36（19）：145-152．

［144］郭衍宏，兰玲．领导的消极认知引发下属的离职倾向——内隐追随理论视角下情绪枯竭与心理资本的作用［J］．技术经济与管理研究，2018（9）：84-89.

［145］郭衍宏，兰玲．中国情境下内隐追随理论的建构与测量［J］．中国人力资源开发，2017（7）：25-37.

［146］郭衍宏．领导者追随反原型对员工创造力的影响：工作激情与社会自我效能感的作用［J］．科技进步与对策，2018，35（21）：134-141.

［147］蒿坡，龙立荣，贺伟．领导力共享、垂直领导力与团队创造力：双视角研究［J］．管理科学，2014，27（6）：53-64.

［148］何浩，潘彦谷．生命意义感、宽恕对中学生社会自我效能感的影响［J］．教学与管理，2017（12）：71-73.

［149］洪雁，王端旭．领导行为与任务特征如何激发知识型员工创造力：创意自我效能感的中介作用［J］．软科学，2011，25（9）：81-85.

［150］江依．员工越轨创新行为研究综述及其展望［J］．科技管理研究，2018，38（10）：131-139.

［151］蒋昀洁，张绿漪，黄庆等．工作激情研究述评与展望［J］．外国经济与管理，2017，39（8）：85-101.

［152］金星彤．组织公正对员工创造力的垂滴效应——基于38家民营企业的调查［J］．技术经济，2018，37（7）：63-71.

［153］孔茗，钱小军．被领导者“看好”的员工其行为也一定好吗？——内隐追随对员工行为的影响［J］．心理学报，2015，47（9）：1162-1171.

［154］孔茗．内隐追随研究进展——从员工视角分析领导过程［J］．技术经济，2016，35（2）：123-130.

［155］雷星晖，单志汶，苏涛永等．谦卑型领导行为对员工创造力的影响研究［J］．管理科学，2015，28（2）：115-125.

［156］李东方，罗瑾琏，黄良志．领导反馈对员工创造力的影响研究——基于心理资本的中介效应［J］．华东经济管理，2013，23（11）：

121-126.

［157］李浩澜，宋继文，周文杰．中国文化背景下变革型领导风格对员工追随力的作用机制［J］．中国人力资源开发，2015（15）：47-55.

［158］李宏利，郁巧玲．组织背景下的工作激情［J］．心理与行为研究，2013，11（6）：849-853.

［159］李晋，秦伟平，周路路．传统导向作用下辱虐型领导对员工创造力的影响研究［J］．软科学，2015，12（10）：96-100.

［160］李力，封玫．工作激情与职业倦怠：工作满意度与冲突的中介效应［J］．江西社会科学，2017，21（12）：222-227.

［161］刘美玉，王季．谦逊领导如何影响员工创造力？——员工归因和心理安全的双重视角［J］．经济管理，2020，42（3）：102-116.

［162］李燕萍，徐嘉．基于组织认同中介作用的集体主义对工作幸福感的多层次影响研究［J］．管理学报，2014，11（2）：198-205.

［163］刘伟国，房俨然，施俊琦等．领导创造力期望对团队创造力的影响［J］．心理学报，2018（6）：108-128.

［164］刘小禹，周爱钦，刘军．魅力领导的两面性——公权与私权领导对下属创造力的影响［J］．管理世界，2018，34（2）：112-122.

［165］刘新梅，赵旭，陈玮奕．流程正式化一定妨碍创造力吗——知识治理与环境不确定性的作用［J］．科学学研究，2017，35（2）：189-196.

［166］刘新梅，姚进，陈超．谦卑型领导对员工创造力的跨层次影响研究［J］．软科学，2019，33（5）：81-86.

［167］陆绍凯，彭新越．互联网环境下知识搜索路径对员工创造力的影响研究［J］．预测，2019，38（3）：16-23.

［168］罗瑾琏，徐振亭，钟竞．团队目标取向对创造力的多层次影响研究［J］．华东经济管理，2016，30（3）：106-112.

［169］梅强，童金根，孙锐．企业转换型领导、组织情绪能力与组织创造力——一个有调节的中介模型［J］．科技进步与对策，2017，34（18）：131-138.

[170] 孟慧，范津砚，柳菁. 目标定向与适应：社会自我效能感的中介作用 [J]. 心理发展与教育，2007，23（1）：54-58.

[171] 孟慧，杨铮，徐琳等. 大学生社会自我效能感与学业成绩的关系：适应的中介作用 [J]. 中国临床心理学杂志，2012，20（4）：552-555.

[172] 潘静洲，王震，周文霞等. LMX 差异化对创造力的影响：一项多层次研究 [J]. 管理科学学报，2017，20（2）：108-126.

[173] 潘煜，高丽，张星. 中国文化背景下的消费者价值观研究——量表开发与比较 [J]. 管理世界，2014（4）：90-106.

[174] 裴瑞敏，李虹，高艳玲. 领导风格对科研团队成员创造力的影响机制研究——内部动机和 LMX 的中介作用 [J]. 管理评论，2013，25（3）：111-118.

[175] 彭坚，冉雅璇，康勇军等. 事必躬亲还是权力共享？——内隐追随理论视角下领导者授权行为研究 [J]. 心理科学，2016，39（5）：1197-1203.

[176] 彭坚，王霄. 与上司“心有灵犀”会让你的工作更出色吗？——追随原型一致性、工作投入与工作绩效 [J]. 心理学报，2016，48（9）：1151-1162.

[177] 彭坚，王霄. 追随力认知图式：概念解析与整合模型 [J]. 心理科学，2015（4）：822-827.

[178] 彭坚，王震. 做上司的“意中人”：负担还是赋能？——追随原型—特质匹配的双刃剑效应 [J]. 心理学报，2018，50（2）：216-225.

[179] 秦伟平，赵曙明. 真我型领导与员工创造力——基于工作激情的中介作用 [J]. 软科学，2015，29（5）：82-86.

[180] 任菲菲，刘桂荣，张景焕等. 领导行为对员工创造力的影响：基于变量中心和个体中心的视角 [J]. 心理与行为研究，2014，12（4）：540-545.

[181] 尚玉钒，李磊. 领导行为示范、工作复杂性、工作调节焦点与创造力 [J]. 科学学与科学技术管理，2015，36（6）：147-158.

[182] 石冠峰，姚波兰．充满乐趣的工作场所有利于员工创造力吗？——反馈寻求行为与人—组织匹配的作用 [J]．中国人力资源开发，2019，36（2）：63-73.

[183] 宋小婷，杨永忠，杨诺等．高新技术企业中变革型领导行为对员工创造力的作用机理——基于员工成就导向的中介模型 [J]．技术经济，2018，37（10）：10-16.

[184] 宋亚辉，何莉，巩振兴等．工作激情影响员工创造性绩效的中介机制 [J]．浙江大学学报（理学版），2015，42（6）：652-659.

[185] 孙永磊，宋晶．双元领导风格、组织柔性与组织创造力 [J]．中国科技论坛，2015（2）：114-118.

[186] 谭新雨，刘帮成．管理者企业家导向与知识型员工创造力——积极印象管理动机和专业度的双重视角 [J]．科学学与科学技术管理，2017，38（10）：158-169.

[187] 唐金湘．本土化组织文化情境下内隐追随的测量、内容与影响 [J]．领导科学，2018（14）：34-38.

[188] 陶厚永，胡文芳，郭茜茜．上下级互动过程中新员工追随力的形成路径研究 [J]．中国人力资源开发，2015（15）：24-33.

[189] 屠兴勇，张琪，王泽英等．知识工作者内生动机、知识共享意愿与创造力 [J]．科研管理，2017，38（10）：111-118.

[190] 万文海，刘龙均．领导创造力影响员工创造力的机制研究 [J]．华侨大学学报（哲学社会科学版），2019（2）：68-76.

[191] 汪国银，张文静，陈刚等．"我是"、"我能"、"我愿"——工作激情对员工创造力的影响路径研究 [J]．中国人力资源开发，2016（22）：28-35.

[192] 王冬冬，何洁．领导成员交换差异与员工创造力：跨层次模型与检验 [J]．华东经济管理，2016，30（7）：45-51.

[193] 王端旭，洪雁．领导支持行为促进员工创造力的机理研究 [J]．南开管理评论，2010，13（4）：109-114.

[194] 王弘钰，李云剑．员工积极内隐追随对创新行为的影响机制研究 [J]．数量经济研究，2017，8（2）：88-104.

［195］王弘钰，李云剑．中国本土情境下内隐追随的维度与量表开发——基于形成性指标的维度构建方法［J］．厦门大学学报（哲学社会科学版），2018（1）：78-85.

［196］王辉，牛雄鹰，Law K．S．领导—部属交换的多维结构及对工作绩效和情境绩效的影响［J］．心理学报，2004，36（2）：179-185.

［197］王庆娟，张金成．工作场所的儒家传统价值观：理论、测量与效度检验［J］．南开管理评论，2012，15（4）：66-79.

［198］王天力，郭宇红．知识隐藏的“回飞棒效应”对个体创造力的影响［J］．科技管理研究，2019，39（9）：197-204.

［199］王艳子，白玲，罗瑾琏．谦卑型领导对研发人员创造力的影响机理研究［J］．外国经济与管理，2016，38（10）：76-88.

［200］王兆证，周路路．愿景型领导对员工创造力的影响机制研究［J］．华东经济管理，2015，29（11）：30-38.

［201］王震，彭坚．何时“施恩”，何时“树威”？——内隐追随理论视角下家长式领导行为的诱发机制［J］．人力资源管理评论，2016（12）：25-35.

［202］卫寒阳，宋君，何昌清．德行领导与员工创造力——LMX与团队认同的中介作用［J］．软科学，2017，31（10）：76-80.

［203］吴明隆．结构方程模型：AMOS的操作与应用［M］．重庆：重庆大学出版社，2009：123-125.

［204］吴启涛，栾贞增．交互视角下工作场所创造力的研究述评与展望——一个整合性分析框架［J］．外国经济与管理，2017，39（3）：51-60.

［205］吴士健，孙专专，刘新民．社会网络对员工知识隐藏与个体创造力的影响研究［J］．软科学，2018，32（12）：89-92.

［206］吴士健，孙专专，刘新民．知识治理模式、组织学习方式及平衡策略对组织创造力的影响［J］．科技进步与对策，2017，34（16）：132-139.

［207］谢俊，汪林，储小平．中国情境下领导—部属交换对员工创造力的影响机制研究［J］．管理工程学报，2014，28（2）：1-7.

[208] 许科，于晓宇，王明辉等. 工作激情对进谏行为的影响：员工活力的中介与组织信任的调节 [J]. 工业工程与管理，2013，18（5）：96-104.

[209] 许黎明. 企业伦理型领导与员工建言行为研究——基于二元工作激情的视角 [J]. 现代经济探讨，2018，441（9）：96-102.

[210] 杨付，张丽华. 团队沟通、工作不安全氛围对创新行为的影响：创造力自我效能感的调节作用 [J]. 心理学报，2012，44（10）：1383-1401.

[211] 杨红玲，彭坚. 内隐追随理论研究述评 [J]. 外国经济与管理，2015，37（3）：16-26.

[212] 杨仕元，卿涛，岳龙华. 从工作激情到员工创造力：一致性匹配与互补性匹配的联合调节作用 [J]. 现代财经（天津财经大学学报），2018，38（8）：96-113.

[213] 杨仕元，卿涛，岳龙华. 从支持感到员工创造力——二元工作激情的联合调节作用 [J]. 科技进步与对策，2018，35（4）：108-117.

[214] 尹晶，郑兴山. 上级反馈对员工创造力和组织公民行为的影响——领导—成员交换的中介作用 [J]. 科学学与科学技术管理，2011，32（12）：153-159.

[215] 尤树洋，贾良定，蔡亚华. 主管支持感差异性、知识分享与创造力——基于团队层面的研究 [J]. 经济管理，2013，35（1）：70-79.

[216] 于慧萍，杨付，张丽华. 团队层面领导—成员交换如何影响员工创造力——一个跨层模型 [J]. 经济问题，2016（11）：65-70.

[217] 于慧萍，杨付，张丽华. 与领导关系好如何激发下属创造力？——一项跨层次研究 [J]. 经济管理，2016，38（3）：80-89.

[218] 袁亚忠，侯辉. 酒店管理人员自我效能感与工作满意度的关系研究 [J]. 湖南科技大学学报（社会科学版），2010，13（4）：92-97.

[219] 曾恺，段锦云，田晓明等. 新生代农民工教育水平与创造力：

核心自我评价的作用［J］. 应用心理学，2019，25（1）：69-79.

［220］张典，曹春明. 二元理论视角下的领导内隐追随原型——基于创新团队的实证研究［J］. 软科学，2020，34（2）：98-102.

［221］张剑，宋亚辉，叶岚等. 工作激情研究：理论及实证［J］. 心理科学进展，2014，22（8）：1269-1281.

［222］张军成，凌文辁. 时间领导对员工助人行为的影响：工作激情和主动型人格的作用［J］. 心理科学，2016（4）：927-933.

［223］张莉，林与川，张林. 工作不安全感与情绪耗竭：情绪劳动的中介作用［J］. 管理科学，2013，26（3）：1-8.

［224］张鹏程，丁梦夏，王灿明. 积极情绪体验对创造力影响［J］. 心理与行为研究，2017，15（5）：613-618.

［225］张银普，石伟，骆南峰. 领导关系角色的类型——基于权力来源和行为对象的视角［J］. 中国人力资源开发，2016（3）：36-44.

［226］张莹，张剑，张大龙. 员工目标内容对突破性创造力和渐进性创造力的影响：基于代际比较视角［J］. 管理评论，2020，32（1）：166-175.

［227］赵晨，高中华. 创造过程投入视角下领导双元创造力的形成机制［J］. 经济与管理研究，2015，36（4）：87-93.

［228］赵君伟. 领导者内隐追随者理论对员工组织公民行为之影响［D］. 国立东华大学，2013.

［229］郑晓旭，陈娇，骆瑒等. 社会自我效能感与工作倦怠的关系：社会交换视角下有调节的中介模型［J］. 心理科学，2019，42（2）：350-357.

［230］周凌，张绍杰. 国外面子研究的最新动态［J］. 外国语（上海外国语大学学报），2015，38（3）：75-82.

［231］周文杰，宋继文，李浩澜. 中国情境下追随力的内涵、结构与测量［J］. 管理学报，2015，12（3）：78-92.

［232］周占杰，朱晓宇，张肖婧. 快递员的工作激情与工作—家庭平衡关系研究［J］. 中国青年研究，2017（4）：20-27.

［233］朱永跃，欧阳晨慧. 领导授权与员工创造力：建言行为和权

力距离的影响［J］. 工业工程与管理，2019，24（2）：116-122.

［234］祝振兵，曹元坤，彭坚. 积极追随原型—特质匹配对辱虐管理的影响——基于多项式回归与响应面分析的探索［J］. 心理科学，2017，40（6）：1405-1411.

［235］祝振兵，陈丽丽，梁玉婷. 内隐追随对员工创新行为的影响：领导支持和内部动机的作用［J］. 中国人力资源开发，2017（7）：16-24.

［236］祝振兵，罗文豪，曹元坤. 领导会视谁为圈内人？——内隐追随与领导—成员交换关系研究［J］. 科技进步与对策，2017，34（11）：140-146.

［237］祝振兵，罗文豪. 中国组织情境下的内隐追随：内容、结构与测量［J］. 江西社会科学，2017，37（3）：235-244.